JN377239

더 로드

더 로드

초판 1쇄 발행일 | 2025년 8월 30일

지은이	박환이
발행인	김태한 외 1명
펴낸이	책과강연
총괄기획	이정훈
도서제작기획	김태한
책임편집	인생첫책
디자인	책과강연

주소	서울시 퇴계로26길 15 남학빌딩 B1
전화	02-6243-7000
블로그	blog.naver.com/writingin180days
인스타그램	@writing_in_180_days
유튜브	책과강연
카카오톡	writing180
출판등록	2017년 7월 2일 제2017-000211호

ISBN 979-11-989982-2-4 (03320)

* 책 가격은 뒤표지에 있습니다.
* 파본은 구입하신 서점에서 교환해 드립니다.
* 저자와 협의 하에 인지를 생략합니다.

실행하는 지금이 실현하는 순간입니다.
[책과강연]에서는 여러분들의 원고를 기다리고 있습니다.
원고 투고 및 의견은 writingin180days@naver.com으로 보내주세요.
함께 만들어 갑니다.

'내 책을 서점에서 만나는 기적'

시선과 기록이 만드는 길

박환이 지음

책과강연

프롤로그

시선과 기록이 만든 '길' 위에서, 원하는 보물을 얻어라!

인생에는 예고 없이 빛이 찾아오기도, 어둠이 덮치기도 한다. 하지만 우리는 언제나 '나아갈 길'을 찾는다. 길 위에는 지금 내가 가진 소중한 것들과 이루고 싶은 미래의 목표 같은 자신만의 보물이 곳곳에 숨겨져 있기에, 나는 이곳을 '보물섬'이라 부른다.

이 책은 지난 15년간 내가 시선과 기록을 통해 길을 만들고, 원하는 보물을 얻으며, 현실에서 검증해온 기록을 담았다. 시선을 통해 미래를 눈으로 볼 수 있는 현실로 끌어왔고, 그 과정의 기록을 쌓아가며 선명하게 만들어 왔다. 화려한 말이나 이론이 아니라, 실제 삶을 바꿔낸 과정에서 '시선'과 '기록'의 엄청난 힘을 믿게 되었고, 그 믿음은 내 삶을 완전히 다른 차원으로 끌어올렸다.

이 책은 당신의 인생을 바꿀 네 개의 강력한 여정으로 구성되어 있다. 1장 [질주]에서는 시선과 기록이 만들어 낸 놀라운 결과를 목격하게 될 것이다. 2장 [멈춤]에서는 예상치 못한 교통사고와 영구장해 판정이라는 절망적인 순간을 통해 인생이 어떻게 한 순간에 무너질 수 있는지를 고백한다. 하지만 그 멈춤은 끝이 아니라 새로운 시작이었다. 3장 [정비]에서는 뇌과학, 양자역학, 심리학의 최신 연구 결과들을 바탕으로 '시선과 기록'이 자신의 보물이 있는 길을 만드는 과학적 근거를 제시하고, 왜 이 방법이 실제로 효과적인지를 논리적으로 증명한다. 마지막 4장 [길이 보이면 삶은 흔들리지 않는다]에서는 당신만의 길을 만들어가기 위한 도구인 지도와 일지를 직접 설계하고 만들 수 있는 실전적이고 구체적인 방법을 안내한다.

이 책이 당신에게 전하는 메시지는 단순하다. "시선과 기록으로 만든 길에서, 원하는 보물을 얻어라!" 하지만 이 책은 공허한 이론이 아니라, 현실에서 생생하게 검증되고 과학적 연구 결과에 기반한 인생의 실전 로드맵이며, 누구든 지금 바로 실행할 수 있는 강력한 성공 도구다.

단 한 장의 보드판, 단 한 권의 파일철만으로도 더없이 선명한 인생의 '로드'를 당신의 두 발로 걸어갈 수 있다.

나는 이것이 단지 나만의 착각이나 예외적인 행운이 아님을, 최근 받은 메시지 한 통으로 확인할 수 있었다. 2024년 겨울, 평온한 저녁을 보내던 중 메시지 알람이 울렸다. "저도 형님처럼 그 마법 같은 지도와 일지를 만들고 싶어요. 언제든 펼쳐보며 지금 내가 어디에 와 있는지 확인할 수 있고, 내 인생이라는 보물섬에서 진짜 원하는 길을 탐험할 수 있는, 그런 강력한 도구를요."

메시지는 군 복무 시절 함께 땀과 눈물을 흘렸던 후배에게서 온 것이었다. 내가 SNS에 올린 지도와 일지를 보고, 고민 끝에 용기를 냈다는 그는 제대 후 광고업계에서 크리에이티브 디렉터로 승승장구해왔다. 하지만 평일과 주말의 경계가 사라진 무한 야근, 끝없는 마감 지옥, 극한의 스트레스 속에서 서서히 무너져가고 있었다.

몸과 정신이 피폐해져 가던 중, 그는 거울 속 자신에게 질문을 던진다. '나는 왜 사는가?' 과거에서 답을 찾기 위해, 그는 먼지 쌓인 일기장을 꺼냈다. 그 안에는 미뤄둔 선택들, 놓쳐 버린 후회들이 빼곡히 적혀 있었다. 삶의 방향이 없었다. 더는 이렇게 의미 없이 살 수 없다고 생각했다. 그러다 우연히 내가 쓰던 도구들을 발견하게 된 것이다.

나는 그에게 지도와 일지를 설계하는 방법을 전수해 주었고, 그는 생각에만 머무르지 않고, 직접 자신만의 지도와 일지를 만들었다. 그러자 불과 며칠도 지나지 않아, 그의 삶에 극적인 변화가 나타나기 시작했다. 매일 아침 설레는 마음으로 눈을 떴고, 하고 싶은 일이 생겼으며, 해야 할 일의 우선순위도 또렷해졌고, 무엇보다 삶에 자신감이 생겼다고 했다. 최근 그가 다시 보내온 메시지는, 읽는 순간 나를 전율하게 만들었다. "올해가 끝날 때쯤, 지도와 일지를 따라 수집한 인생의 보물 조각들을 보여드리겠습니다. 직접 찾아뵙고 그간의 저의 놀라운 변화를 선배님과 나누고 싶습니다. 지금 저는 매일이 기대됩니다."

그 순간, 나는 확신했다. 한때 인생의 가장 어두운 시절, 나를 붙들어 준 그 지도와 일지가 이제는 누군가에게도 같은 빛이 될 수 있다는 것을. 책을 집필하기로 한 것은 바로 그때부터다.

《더 로드》는 인생이라는 보물섬에서 당신이 진짜 원하는 보물이 숨겨진 '길'을 찾는 가장 확실한 방법을 제시한다.

이제, 당신 차례다.

보물은 시각화하고, 여정은 기록하라.

지금, 당신의 길을 떠나라.

차례

3장 정비

4장 길이 보이면 삶은 흔들리지 않는다

1장

질주

나는 원하는 미래를 10만 번 넘게 바라보았고,
그 과정을 기록했다.
그렇게 반복된 시각화와 기록은 결국
미래를 현재로 끌어당겼다.

미래를
끌어당기다

끌어당김의 법칙

2008년, 대학 4학년이던 나는 터미널 근처 서점으로 향했다. 입소문으로 화제가 된 책이 궁금했다. 서점 한가운데 붉은 표지의 책이 진열대를 가득 메우고 있었고, '수 세기 동안 단 1%만이 알았던 비밀'이라는 문구가 눈에 들어왔다. 바로 『시크릿』[1] 이었다.

당시 전 세계를 강타하던 이 책은 '끌어당김의 법칙'을 소개하며, 마음속으로 간절히 원하면 무엇이든 현실이 된다고 주장했다. 특히 인상 깊었던 건, 원하는 장면이나 물건을 보드판에 붙여 자주 바라보면 실제로 이루어진다는 이야기였다. 처음에는 반신반의했지만 이상하게 마음이 끌렸다. 나는 책을 덮으며 처음으로 미

---

1 론다 번, 『시크릿, 수 세기 동안 단 1%만이 알았던 부와 성공의 비밀』, 살림Biz, 2007

래를 '의도할 수 있다'는 가능성을 받아들였다.

돌이켜 보면 그전까지의 나는 어항 속 물고기처럼 살고 있었다. 주어진 환경 안에서 성실할 뿐 스스로 방향을 정하거나 간절히 원하는 무언가를 그려본 적은 거의 없었다.

그 무렵, 집안 형편이 넉넉지 않아 비싼 등록금이 매 학기 부담이었다. 장남으로서 가족의 짐을 덜기 위해, 나는 국가로부터 대학 등록금 전액을 지원받는 대신 장교로 7년간 복무하는 제도에 지원했다.

입대까지 남은 6개월, 이 시간을 그냥 흘려보내고 싶지 않아 책에서 읽은 대로 작은 보드판에 가고 싶은 장소와 갖고 싶은 물건의 이미지를 붙여 매일 바라보았다. 그중 몇 가지가 실제로 이루어졌다. 갖고 싶던 물건을 가졌고, 꿈꾸던 장소에도 다녀왔다. 마치 생각이 미래를 끌어당긴 것처럼 느껴지던 그 시기, 나는 장교후보생으로 입소했다.

교육생 시절, 한여름 훈련소에서 전우들과 함께 흘린 땀은 단순한 체력 단련을 넘어서는 것이었다. 각자의 역할을 수행하며 공동의 목표를 향해 가는 과정에서 나는 자연스럽게 리더십을 익혔다. 누군가를 따라가던 입장에서 이끄는 입장으로 시선이 전환되던 시기였다.

성실히 훈련에 임하고 동료들을 챙기던 내게 중대장이라는 기회가 찾아왔다. 가장 고된 유격 훈련 기간, 교육생 대표로 130명의 전우를 이끄는 임무를 맡게 된 것이다. 고산 지대에서의 고강도 훈련과 60km에 이르는 야간 행군은 단순한 체력 싸움을 넘어, 리더로서의 책임과 판단을 요구했다. 부족하더라도 끝까지 해내자는 마음으로 버텼고, 무사히 복귀 신고를 마친 순간 마음 속 깊이 전율을 느꼈다.

그 순간 생각했다. 이 길이 나와 맞을지도 모르겠다고. 전율을 마음에 품은 채, 나는 2009년 정식 장교로 임관했고 특공부대 소대장 임무를 부여받았다.

한 장의 포스트잇이 끌어당긴 결과

20대 초반, 스무 명의 부하를 이끄는 소대장이 된다는 건 쉽지 않은 일이었다. 책임은 막중했고, 부담도 컸다. 매일 반복되는 훈련과 임무 속에서 정신없이 하루하루를 보냈다. 그러다 점차 역할에 적응해갔고, 전우들과의 유대감 속에서 나만의 자리를 찾아가기 시작했다.

리더로서 부하들과 함께하는 시간이 쌓일수록 내 안에서 무언가 뜨거워졌다. 과거 보드판에 붙여 놓고 매일 바라보던 이미지들과 『시크릿』에서 읽은 '끌어당김의 법칙'이 떠올랐다.

나는 조용히 숙소 머리맡에 포스트잇 하나를 붙였다. 그리고 이렇게 적었다.

'소대장 시절 스토리를 전군에 알리자!'

비현실적으로 보이는 목표였지만, 나는 알고 있었다. 달을 향해 던진 목표일지라도, 그 방향으로 나가다 보면 별에는 무조건 도달할 수 있다는 것을.

그때부터 행동이 달라졌다. 리더로서 모범이 되어야 한다는 책임감에 각종 경연대회에 도전했다. 노력의 결과가 하나둘 현실로 나타났다. 상장과 표창장이 늘어갔고 언론에도 소개되었다. 나는 멈추지 않았다. 포스트잇에 적어둔 그 목표는 나의 나침반이자 다음 단계로 이끄는 동력이었다.

기록이 쌓이자, 결과물을 모아 정리하기 시작했다. 처음엔 얇은 파일철 하나였지만 파일철은 점점 두꺼워졌고, 그것은 나와 동료들의 성장 기록이 되었다. 성과가 쌓이자 소대 분위기도 변했다. 전투력이 향상되었고, 나의 리더십도 함께 성장하고 있었다.

입대 2년 차가 되었을 때, 전군을 대상으로 전투력 최우수 부대 경연대회가 열린다는 소식이 들려왔다. 나는 직감했다. 포스트잇에 적었던 바로 그 기회구나.

이번엔 나 혼자만의 끌어당김이 아니었다. 전 소대원들과 함께 목표를 그려보기로 했다. 생활관 한쪽에 보드판을 세우고, 군장을 멘 채 훈련하는 소대원들의 사진을 붙였다. 그 옆에 '전투력 최우

수 부대가 되자'는 각오를 담은 포스트잇을 붙였다. 모두의 바람이 보드판 위에서 하나의 그림처럼 펼쳐졌다.

경연대회는 사격과 체력 평가였고, 우리 소대는 체력 부문 1위를 차지했다. 그러나 사격에서 점수가 밀려 결과는 종합 2위였다. 아쉬웠지만 결과보다 더 큰 성과가 우리를 기다리고 있었다. 소대원 전원이 전투력 우수 자격을 획득했고, 우리 이야기가 언론에 실리며 부대 안팎으로 알려지기 시작했다.

나는 그 과정을 리더십 실천 사례로 정리해 기고했다. 이듬해 우리 이야기는 '2012년 리더십 우수 사례'로 선정되었고, 전군 500명이 모인 자리에서 소대의 이야기를 직접 발표할 수 있는 기회를 얻었다. 스토리는 책자에 실려 전군에 배포되었다.

발표를 마치고 숙소에 돌아왔을 때, 문득 방 한편이 눈에 들어왔다. 거기엔 여전히 그 포스트잇이 붙어 있었다. '소대장 시절 스토리를 전군에 알리자!' 2년 전, 연기처럼 막연했던 문장이 그날, 분명히 현실이 되어 내 앞에 서 있었다.

보물섬 탐험의 시작

소대 스토리를 발표한 이후 여러 곳에서 강연을 할 기회가 생겼는데 여러 번 무대에 서면서 나는 내가 무대 체질임을 깨달았다. 수백 명 앞이어도, 그게 누구여도 떨리지 않았다. 발표 전 약간의 긴

장감은 있지만 막상 무대에 올라 내 시간이 시작되면 여유가 생겼고, 그 순간을 오롯이 즐겼다.

무대는 한두 번으로 끝나지 않았다. 기회는 계속 이어졌고, 기업 강연 제안까지 확장되었다. 그러나 군대 이외의 장소에서는 무대에 설 수 없었다. 신분이 군인이었고, 임무에 지장을 줄 수 있는 활동은 제한되었기 때문이다.

나는 목표를 하나씩 이루는 과정 속에서, 시각화하고 기록하면 현실이 달라진다는 원리를 몸소 체험했다. 이후로도 나는 목표를 시각화하고 기록하는 습관을 유지하기 시작했다.

작은 보드판을 채우고, 매일 바라보며 행동했고, 그 여정을 하나씩 파일철에 기록하며 내 삶을 직접 설계하기 시작했다.

그렇게 나의 보물섬 탐험이 시작되었다.

인생을 바꾼
한 권의 책

보드판에서 보물을 발견하는 탐험 도구로

살면서 당신의 삶을 송두리째 흔들어 놓은 책이 있었는가? 단 한 문장에 가슴이 뛰고, 단 한 페이지로 삶의 방향이 바뀌는 그런 책 말이다. 우연히 손에 들어온 책 한 권이 인생을 송두리째 바꿔 놓았다는 사람들이 있다.

내게도 그런 책이 있다. 휴가를 받아 모처럼 여유로운 주말 오후, 집 근처 작은 도서관을 산책 삼아 찾았다. 따스한 햇살이 창 너머로 스며들고, 서가 사이엔 조용한 숨결만이 감돌았다. 특별히 찾는 책은 없었지만, 마음은 느긋했고 발걸음은 가벼웠다. 무심코 지나던 서가에서 한 권의 책이 눈에 들어왔다.

표지는 오래된 듯 누렇게 변색됐고, 종이에서는 오랫동안 사람의 손을 타 축적된 시간이 느껴졌다. 마치 나를 오랫동안 기다리고 있었던 것만 같았다. 그 책은 일본 작가 모치즈키 도시타카의 『당신의 소중한 꿈을 이루는 보물지도』였다.

한 문장이 심장을 두드렸다.

"머릿속으로만 그리던 당신의 꿈을 시각화하라. 그러면 반드시 이루어진다."[2]

책에서는 커다란 보드판에 자신의 꿈을 적어 넣고, 이미지와 사진을 붙여 가까이 두고 매일 바라보면 언젠가는 반드시 이루어진다고 말하고 있었다. 그리고 실천으로 이끄는 구체적인 방법들이 담겨 있었다. 원하는 목표의 이미지를 붙이고, 달성 기한을 적은 포스트잇을 더하며, 환하게 웃는 자신의 사진과 긍정 확언을 함께 구성하는 방식이었다.

이미 몇 해 전부터 보드판을 활용해 목표를 시각화해 왔지만, 이 책은 더 정교하고 강력했다. 지금까지의 시각화가 연습이었다면, 본격적으로 단계를 끌어올릴 때였다. 나는 주저하지 않고 바로 실천에 옮겼다.

보물지도가 찾아준 반려자

전라남도 장성. 중대장 보직을 위한 교육을 받던 시절, 매일 아침

2 모치즈키 도시타카, 『보물지도』, 나라원, 2006

눈을 뜨자마자 하는 일이 있었다. 관물대 위 보드판 한쪽에 붙여 놓은 사진을 바라보는 것이었다. 내 이상형과 닮은 연예인의 얼굴이었다. 사진 앞에서 깊게 숨을 들이마시고, 단단한 목소리로 외쳤다.

"내 이상형을 만났습니다. 감사합니다!"

그건 『보물지도』 책에서 본 방법이었다. 원하는 사람의 사진을 눈앞에 두고, 이미 만난 것처럼 믿고 행동하면 그것이 현실이 된다는 내용이었다. 나는 망설이지 않았다. 매일 아침 그 사진을 바라보며, 미래에 만날 사람의 모습을 더욱 구체적으로 그려갔다.

동기들은 웃으며 말했다.

"에이, 그걸 붙여 놓는다고 진짜 이상형이 나타나겠냐?"

나는 대수롭지 않게 넘겼다. 시도도 하지 않는 것보다, 믿고 실천해 보는 쪽이 훨씬 낫다고 생각했기 때문이다. 그래서 오히려 더 또렷한 목소리로 외쳤다.

"나는 평생을 함께할 사람을 반드시 만날 거야!"

어느 금요일 저녁, 선배에게서 전화가 왔다.

"저녁 안 먹었으면, 시내 나가서 한잔하자."

예정에 없던 술자리였지만, 나는 고민 없이 선배 차에 올랐다. 운전대를 잡은 선배가 물었다.

"야, 너 아직도 그거 하고 있냐? 이상형 사진 붙여 놓고 주문 외우는 거?"

나는 미소를 머금은 채 답했다.

"네, 벌써 한 달째인데, 곧 만날 것 같습니다."

선배는 픽 웃었다. 아직 결과로 증명하진 못했지만, 마음속 깊은 곳에서 뭔가가 가까워지고 있다는 예감이 들었다.

시내 한복판, 네온사인이 반짝이는 밤거리 속에서 우리는 한 식당으로 들어섰다. 테이블마다 웃음과 술잔이 넘실거렸다. 회 한 점을 와사비와 간장에 찍어 입에 넣고 소주 한 모금을 들이켰다. 그때 식당 문 열리는 소리가 들렸다.

모든 것이 멈춘 듯했다. 시선이 자연스럽게 한 곳을 향했고, 그녀가 있었다. 카메라 렌즈가 줌인 되듯 그녀만 또렷하게 보이고, 배경의 소음은 희미해졌다. 매일 아침 보드판에서 바라보던 바로 그 얼굴. 눈빛과 미소까지, 너무도 닮아 있었다.

순간, 가슴 깊숙이에서 용기가 솟구쳤다. 자리에서 일어나 그녀에게 다가갔다. 망설임이 스며들 틈도 없이, 모든 것이 정해진 장면처럼 자연스러웠다. 우리는 그날 밤 나란히 술잔을 기울였고, 나는 그녀의 연락처를 받았다.

연락처를 받은 날로부터 그리 오래 지나지 않아, 나는 그녀의 눈을 바라보며 꽃 한 송이를 내밀었다. 그리고 진심을 담아 고백했다.

"나는 이미 오래전부터 너를 만났다고 믿었어. 매일 이상형을 만났다고 외쳐왔고, 그 사람이 바로 너였어."

그녀는 아무 말 없이 나를 바라보다가, 조용히 꽃을 받아 들고 향기를 맡았다. 그 순간, 내 보물지도는 마침내 나와 평생을 함께할 반려자를 찾아주었다. 우리는 결혼했고, 지금은 두 딸과 함께 따뜻하고 단단한 가정을 이루며 살아가고 있다.

그녀는 내 인생의 보물이었다. 보물지도는 내가 보물을 발견하고 손에 넣을 수 있도록 도와준 도구였다. 그 여정의 순간순간은 파일철에 차곡차곡 쌓여갔다. 시각화하고, 기록하는 일 덕분에 인생이라는 보물섬을 탐험하는 일이 즐거웠다. 그래서 나는 여기에 이름을 붙이기로 했다. 시각화를 위한 '보물지도', 기록을 위한 '탐험일지', 그리고 이제 나는 그것들을 '탐험 도구'라 부른다.

내 안의 지도

첫 번째 탐험 도구, 보물지도

보물지도는 보물섬 곳곳에 숨겨진 보물을 안내해 준다. 보드판 위에 원하는 보물을 시각화한 이미지를 붙이고, 옆에 조건과 기한을 적은 포스트잇을 함께 붙인다. 지도의 중심에는 환하게 웃는 나의 사진과 긍정의 확언을 놓아 지도 전체에 생기를 불어넣는다.

어느덧 보물의 개수가 스무 개를 넘어서자, 한눈에 보기가 힘들었다. 그래서 '직업은 녹색', '가족은 빨강', '배움은 노랑', '꿈은 보라'처럼 영역별로 색을 나누고 카테고리별로 구분해 보았다. 각 항목마다 4~5개씩 보물이 정리되자 지도의 구분이 훨씬 쉬워졌다.

완성된 보물지도는 가장 잘 보이는 곳에 놓는다. 핸드폰 화면으로도 설정한다. 그렇게 매일같이 보물을 시각적으로 마주했다. 실제로 보물을 얻었을 때는 스티커로 표시해 성취감을 눈으로 확인할 수 있도록 했다. 그 작은 의식 하나가, 다음 보물을 향한 동기를 더욱 단단하게 만들어 주었다.

그렇다면 얻고 싶은 보물은 어떻게 이미지로 만들어야 할까? 단순히 '이루고 싶은 장면'을 떠올리는 것만으로는 부족하다. 마치 '미래의 현실'처럼 생생하게 그리려면, 단순한 상상을 넘어 다각도의 분석과 구체적인 고민이 필요하다. 잡지에서 사진을 오려 붙이는 수준을 넘어, 오감을 총동원해 구체적인 장면을 설계해야 한다.

원하는 물건이나 순간을 떠올릴 때는 스스로에게 질문을 던져야 한다.

"지금 나는 어디에 있는가? 어떤 분위기 속이며, 누구와 함께 있는가? 귓가에는 어떤 소리가 들리고, 공기 중에는 어떤 향이 감도는가? 입안에는 어떤 맛이 퍼지는가?"

감각을 하나하나 더할수록 머릿속 이미지는 더욱 또렷해지고, 실현 가능한 현실로 가까워진다.

예를 들어 보자. 갖고 싶던 흰색 노트북을 손에 넣은 장면을 그린다. 1.1kg의 가벼운 무게, 부드럽게 열리는 커버, 원목 책상 위에 놓인 반짝이는 노트북. 전원이 켜지며 화면이 환하게 빛나고, 손끝은 설렘을 안고 첫 문장을 타이핑한다. 잔잔한 음악이 흐르고, 아메리카노 향이 코끝을 스친다. 이처럼 생생하게 이미지로 만들고 매일 바라본다면, 당신은 어느새 이 장면을 그대로 살아내고 있는 자신을 마주하게 될 것이다.

첫 번째 탐험 도구인 보물지도는 '시각화의 힘'을 탐험가에게 선물한다. 이 도구를 통해 우리는 인생이라는 거대한 보물섬 위에서 수없이 불어오는 바람 중, '보물 같은 바람'을 붙잡을 수 있다. 그리고 그 바람이 탐험가의 열기를 식히고 다시 나아갈 힘을 북돋우듯, 시각화한 목표는 우리를 자연스럽게 얻고 싶은 보물이 있는 미래로 이끌어줄 것이다.

두 번째 탐험 도구, 탐험일지

탐험일지는 보물섬에서의 여정을 기록하며, 끝까지 보물을 향해 나아갈 수 있도록 동기를 지켜주는 도구다. 파일철에는 보물을 찾아가는 과정에서 남긴 기록들이 차곡차곡 쌓여간다.

보물지도와 탐험일지는 자연스럽게 연결되어 활용된다. 보물지도에 붙여 둔 목표가 시간이 지나 새로운 공간이 필요해지면, 간단한 피드백과 함께 탐험일지로 옮겨 정리한다. 그렇게 모인 기록들은 나의 발자취를 또렷하게 남기며, 여정에 깊이를 더해 주었다.

애초에 목적지를 완벽하게 예측할 수는 없다. 하지만 지나온 길을 되돌아볼 때, 그 모든 순간들이 하나의 길로 이어져 있었음을 비로소 깨닫게 된다. 탐험일지에 축적된 경험은, 앞이 보이지 않는 상황에서도 스스로 길을 만들어갈 수 있다는 내면의 확신을 키워준다. 그리고 그 확신은, 익숙한 길을 벗어나더라도 결국 자신이 원하는 보물에 도달할 수 있다는 용기로 이어진다.

탐험일지를 정기적으로 돌아보는 것만으로도 우리는 과거를 새로운 시각으로 바라보기 시작한다. 평소에는 지나쳤던 성장의 흔적이 눈에 들어오기 시작하고, 좋은 경험이든 어려운 경험이든 모든 과정에서 배울 점이 있었다는 사실을 인식하게 된다. 이렇게 자신의 성장 과정을 직접 확인하는 일은 자신감을 키우는 데 큰 힘이 된다.

막상 원하는 보물에 도달했는데 처음 기대와는 다를 수도 있다. 보물이 생각보다 작게 느껴지거나, 덜 반짝이는 것처럼 보일 수도 있다. 하지만 중요한 건, 보물을 찾았다고 탐험이 끝나는 것은 아니라는 점이다. 탐험은 목적지에 닿는 순간 멈추는 것이 아니라, 그 경험을 바탕으로 삶의 방향을 새롭게 조정해 나가는 것이다. 그것이 진짜 탐험가의 자세다.

두 번째 탐험 도구인 탐험일지는 바로 '기록의 힘'을 탐험가에게 선물한다. 이 도구를 통해 우리는 꿈을 향한 여정을 능동적으로 이끈다. 기록이 쌓일수록 강력한 추진력이 되어 나아가는 발걸음을 밀어주고, 폭풍우 속에서도 길을 잃지 않게 해준다.

8년간의 쉼 없는 질주

10만 번 바라본 미래

사람은 반복해서 바라보는 대상을 닮아간다. 그 대상이 '원하는 미래'라면 어떨까? 시간이 흐르면서 시각화와 기록은 내 삶에서 단순한 루틴을 넘어 습관이 되었고, 단지 하나의 보드판과 얇은 파일철에 불과했던 도구들은 인생의 흐름과 결을 바꾸는 결정적인 도구로 점차 형태를 갖추기 시작했다. 보드판은 보물섬 곳곳에 숨겨진 보물을 안내하는 보물지도가 되었고, 파일철은 탐험의 과정에서 축적된 기록이 담긴 탐험일지가 되었다.

나는 보물지도를 집안에서 아침에 눈을 뜨면 가장 먼저, 밤에 잠들기 전 가장 마지막으로 바라보는 자리에 두었다. 핸드폰 잠금화면과 배경화면, SNS 프로필 사진도 보물지도로 설정해 두었다. 매일 반복되는 시선 속에 내 보물들은 점점 더 선명하게 각인되었다. 탐험일지는 월 1회 이상 꺼내어 보며 내가 지금 보물섬의 어디쯤을 탐험 중인지 좌표를 점검하며 동기를 유지했다.

당신은 하루에 핸드폰을 몇 번이나 보는가? 하루 평균 30번만 본다 해도 한 달이면 1천 번, 1년이면 1만 2천 번이다. 8년이면 약 9만 6천 번, 여기에 집에 있는 보물지도를 바라보는 횟수까지 합치면 10만 번이 훌쩍 넘는다. 나는 그렇게 미래의 보물을 10만 번 넘게 바라보았고, 결국 하나둘 현실로 끌어오기 시작했다.

그러나 단지 바라본다고 보물을 얻게 되는 것은 아니었다. 진짜 힘은 기록에서 나왔다. 탐험 과정에서 남긴 사진, 상장, 손편지, 메모 같은 흔적들이 시간의 흐름에 따라 차곡차곡 쌓이며 탐험일지를 채워갔다. 시련이 찾아올 때마다 나는 그 기록을 꺼내어 지금까지 걸어온 경로를 되짚었고, 좌표를 확인하는 과정에서 자연스럽게 용기를 얻었다. 그래서 포기하지 않고 계속 나아갈 수 있었다.

보물을 얻을 때마다 나는 보물지도 위에 반짝이는 스티커를 붙이며 스스로를 칭찬했고, 탐험일지의 기록 옆에는 짧은 피드백을 남기며 지금 내가 어떤 방향으로 가고 있는지를 자문했다. 그 모든 과정은 단순한 성취가 아닌, 나 자신에게 신뢰를 쌓아가는 여정이자 점차 베테랑 탐험가로 성장해 가는 여정이었다.

빛나는 보물지도 앞에서 멈춘 시선

2019년 어느 날, 평소처럼 보물지도를 바라보는데 문득 빛 한 줄기가 지도 위에 반사되어 반짝였다. 특별할 것 없는 하루였지만, 이상하게도 그 반짝임이 마음을 멈춰 세웠다. 그 위에 붙어 있는 수많은 스티커들이 마치 나를 향해 조용히 말을 거는 듯했다. 그 순간, 나는 시간을 되짚었다. '이걸 처음 시작한 게 언제였지?'

날짜를 계산해 보니, 어느덧 8년이 흘러 있었다. 그동안 내가 적어둔 보물은 총 38개. 그중 33개는 이미 현실이 되었고, 나머지 5개는 현재 진행 중이었다. 달성률 87%. 그리고 나머지도 인젠가는 자연스럽게 이루어질 것들이었다. 8년간 내가 그려놓은 보물들을 거의 다 현실로 만들어 낸 셈이었다.

흥미로운 건, 보물을 찾다 예상치 못한 기회를 만나기도 했다는 것이다. 계획에 없었지만 절대 놓칠 수 없는, 뜻밖의 보물 같은 순간들. 나는 그럴 때마다 보물지도를 업데이트했고, 계획에 없던 보물들까지 손에 넣을 수 있었다.

내가 8년간 얻은 보물은 다음과 같다.

- **꿈꾸던 이상형과 결혼**

  머릿속으로 그리던 이상형을 만났고, 그 사람과 평생을 함께할 가정을 이루었다.

- **경제적 목표 5억 달성**

  아무것도 없던 시절, 막연하게 설정했던 경제적 목표를 현실로 만들었다.

- **꿈꾸던 아파트가 현실로**

  대형 복합 상가 근처에 있는 아파트를 원했고, 실제로 그 아파트가 내 것이 되었다.

- **한 번의 실패 후 끝내 진급**

  진급에서 좌절을 겪었지만 포기하지 않았고, 결국 다음 해에 원하는 진급을 이루었다.

- **전국 600개 팀 중 1등**

  통일을 주제로 한 발표대회에서 우승하며 상금 500만 원 전액을 기부했다.

- **군 리더십 경험, 책으로 전국 배포**

  지휘하며 쌓은 이야기가 책으로 엮여 전국에 두 차례나 배포되었다.

보물 알고리즘

모든 것은 우연이 아니었다. 보물지도는 미래를 설계하는 도면이었고, 탐험일지는 그 설계를 현실로 옮긴 발자취였다. 나는 원하는 미래를 10만 번 넘게 바라보았고, 그 과정을 기록했다. 그렇게 반복된 시각화와 기록은 결국 미래를 현재로 끌어당겼다.

군 생활부터, 평생을 함께할 반려자와의 만남까지. 나는 수많은 보물을 꿈꾸고, 실제로 손에 넣었다. 탐험의 과정을 거치며, 마음 속에 하나의 확신이 자리 잡기 시작했다. '보물은 우연히 찾아오는 것이 아니라, 손에 넣을 수 있는 명확한 방법이 존재한다.'

확신을 검증하기 위해 수많은 책을 읽고, 다양한 사람들의 이야기를 탐색했다. 선박왕 오나시스, 호텔왕 콘래드 힐튼의 성공은, 그러나 내게 너무 멀게 느껴졌다. 시대도, 환경도, 삶의 조건도 달랐기 때문이다. 마치 오래된 재료로 만든 음식처럼 내 입맛과는 맞지 않았다.

그래서 더 가까운 현실을 들여다보기로 했다. 유명 인물이 아닌, 지금 이 시대를 살아가며 우리 곁에 있는 사람들. 내가 만난 탐험가들은 각자의 방식으로 보물을 찾고 있었다. 그들의 여정에는 공통된 패턴이 있었다. 진심으로 원하는 보물을 선명하게 시각화했고, 그 과정을 꾸준히 기록하며 현실로 끌어당겼다. 단순하지만 강력한 원리였다.

'보물지도로 시각화하고, 탐험일지에 기록하면, 원하는 보물을 얻는다.'

이것이 바로 보물 알고리즘이다.

알고리즘이란, 누구나 따라하면 일정한 결과를 만들어 내는 신되할 수 있는 방법이다. 인생이라는 보물섬에서 원하는 보물을 손에 넣은 탐험가들은 예외 없이 이 원리를 실천했다.

나의 탐험 도구는 아직 완벽하지 않았지만, 인생에 이 도구들만 있다면 무엇이든 원하는 보물을 손에 넣을 수 있으리라 믿게 되었다. 그 순간부터 더 이상 큰 시련은 없을 것이고, 내 삶을 원하는 방향으로 마음껏 조정할 수 있으리라 여겼다. 이미 손에 넣은 수많은 보물들이 그 믿음을 점점 더 단단하게 만들었고, 나는 그 믿음이 진실이라고 한 치의 의심도 하지 않았다.

돌이켜 보면, 나는 그렇게 위험한 착각에 빠지기에 충분했다.

2장

멈춤

익숙하고 안전하다고 믿었던 나만의 보물섬,
그 안에 정성껏 세워온 테마파크는
어느 날 갑자기 무너져 내렸다.

폭풍이
몰아치다

한밤의 교통사고

물에 젖은 커튼처럼 무거운 눈꺼풀을 간신히 들어 올리자, 흐릿한 시야 너머로 아내가 내 손을 꼭 잡고 울고 있었다. 아내가 무언가 말했지만, 머리가 울려 제대로 들리지 않았다. 기억을 더듬으려는 순간, 뒷머리와 턱에서 느껴지는 날카로운 통증에 눈살이 찌푸려졌다. 피로 굳어버린 뒷머리는 머리카락과 엉켜 있었고, 턱은 계곡처럼 깊게 패어 있었다. 오른쪽 다리는 반깁스로 둘러싸인 채 이상하게 감각이 없었다. 마치 내 다리가 아닌 것처럼 느껴졌다.

사고 직전과 직후, 총 4시간의 기억이 없었다. 사고 당시 상황도, 구급차에 실려 갔던 일도 전혀 기억나지 않았다. 아내가 구급대원과 통화한 내용을 전해 듣고서야 당시 상황을 조금씩 알 수 있었다. 시속 60km로 달려오던 배달 오토바이와 충돌했고, 나는 공중으로 튕겨 아스팔트에 머리와 턱을 강하게 찧었다고 했다. 당시 충격으로 의식을 잃었고, 구급차로 병원에 옮겨졌다는 것이다. 구급대원은 이렇게 말했다.

"오토바이가 아니라 차량이었다면, 목숨을 건지기 어려웠을 겁니다."

구급대원의 말이 희미한 환청처럼 귓가에 맴돌 때, 중증외상센터 응급실 문이 열리며 젊은 의사가 들어왔다. 하얀 가운 차림의 그가 침상 앞에 서자, 공기가 무겁게 가라앉았다. 의사는 차트를 들여다보며 사실을 전달하는 기계처럼 차분하고 정확하게 검사 결과를 전했다.

"두개골 골절은 있지만, 다행히 뇌출혈은 없습니다. 턱은 꿰매면 괜찮아질 겁니다. 가장 심각한 건 오른쪽 발목입니다. 삼복사 골절과 인대 파열, 비골 분쇄 골절까지 겹쳤습니다. 쉽게 말하면, 발목 뼈가 산산조각 났고 인대도 끊어졌습니다. 지금 우리의 목표는 '걷게 하는 것'입니다. 앞으로 뛰는 건 어려울 수 있고, 평생 절 수도 있습니다. 수술은 붓기가 가라앉은 뒤, 빠르면 이틀 뒤에 진행할 예정입니다."

정신이 온전치 않았기에 모든 말을 이해하긴 어려웠지만, '걷게 하는 게 목표'라는 말은 또렷하게 들렸다. 그 말은 곧 못 걷게 될 수도 있다는 뜻이 아닌가. 평생 휠체어를 타야 하는 건가….

그 순간, 마음 깊숙이 질문이 밀려들었다. 다시는 예전처럼 움직일 수 없는 걸까? 땀을 흘리며 달리고, 눈빛으로 방향을 정하고, 온몸으로 도전하던 탐험가의 일상이 이제는 내게서 멀어지는 걸까?

보물을 얻는 방법을 알게 되었기에, 나는 더 큰 희망과 열정을 품었다. 그러나 찰나의 사고로 내가 누리던 자유롭고 활기찬 일상이 단숨에 흔들렸다. 그때 처음으로, 탐험가의 일상이 무너질 수도 있다는 현실이 공포와 두려움으로 나에게 다가왔다.

통증 안에 갇힌 죄수

수술은 다행히도 성공적이었다. 그러나 그다음부터가 시작이었다. 그 후 일주일은 말 그대로 지옥이었다. 나는 통증 안에 꼼짝없이 갇힌 죄수 같았다. 수술 부위에서 불덩이처럼 달아오른 통증은 상처 아래로 그물처럼 얽힌 혈관을 타고 온몸으로 퍼져나갔다. 몸 전체가 타들어 가는 것만 같았다.

가장 두려운 시간은 아침 소독 회진 시간이었다. 충돌 당시 튀어나온 뼈가 오른쪽 발목 안쪽 피부를 뚫고 나와 연부 조직이 다 드러난 상태였다. 거즈를 떼자 오래된 소독약 냄새와 피비린내가 코를 찔렀다. 거즈와 깁스를 걷어내니 분화구처럼 패인 상처 안에서 검붉은 살덩이와 피떡이 엉겨 있었고, 괴사가 진행된 부위는 까맣게 변색해 있었다. 의료진의 손길이 벗겨진 피부에 닿을 때마다 나는 단말마의 비명을 토해냈다.

통증은 내 삶 전체를 잠식했다. 극심한 고통은 하루 24시간 내내 한순간도 물러서지 않고 전신을 조여왔다. 몸부림칠 때마다 침대 바퀴가 삐걱이는 소리를 냈고, 간호사는 떨리는 내 모습을 보며 말했다.

"통증이 심하시면 15분에 한 번씩 빨간 버튼을 누르세요. 그러면 진통제가 투여됩니다. 단, 두 번은 누르지 마세요. 마약성 진통제라 환각 증상이 올 수 있습니다."

그 순간부터 병실에 걸린 시계만 바라보며 시간을 쟀다. 약 기운으로 겨우 잠이 드는 순간을 제외하면, 정확히 15분마다 버튼을 눌렀다. 어느 날 밤엔 참지 못하고 간호사를 부르며 소리쳤다. 더는 못 견디겠다고. 결국 혈관 주사를 통해 추가로 마약성 진통제인 페치딘이 투여되었고, 나는 환각에 시달렸다. 영상 속에서 보던 마약 거리에 쓰러진 사람처럼 정신이 몽롱했다. 그렇게 마약성 진통제에 의지해 겨우 시간을 버텼다.

두 팔에 주삿바늘이 수없이 꽂히며 검푸른 멍이 늘어갈수록, 탐험가의 일상이 무너질 수도 있다는 공포와 두려움조차 그 시기엔 통증이라는 놈에게 밀려 생각조차 나지 않았다. 머릿속은 하얘졌고, 뇌는 오직 지금 이 순간을 견디는 일에만 반응했다. 하루를 버텨야 한다는 본능적인 의지, 그것만이 나를 붙잡았다. 시간이 조금이라도 빨리 흘러가길 바랄 뿐이었다.

화장실에 가는 것조차 두려워 하루 종일 누룽지만 입에 댔다. 일주일 만에 체중은 10kg이나 빠졌고, '이 또한 지나가리라'는 말을 수없이 되뇌며 버텼다. 다행히 시간이 흐르면서 통증도 조금씩 잦아들었다. 일주일 후, 지옥 같던 그 시간을 견딘 나는 마침내 대학병원 중환자실을 나와 5분 거리의 일반병원 병실로 옮겨졌다.

통증의 빈틈으로 밀려드는 두려움

병실 속 작은 거울에 비친 내 모습은 초췌했다. 눈빛은 흐려졌고 생기는 온데간데없었다. 병실 창문 너머로 도심 속 공원이 보였고, 나는 그곳을 걷는 사람들을 바라보며 자유롭게 걷는 상상을 하곤 했다. 상처 부위의 찌르는 듯한 고통에서 벗어나, 다시 몸을 움직일 수 있길 바라는 마음이 점점 커져갔다.

낮에는 통증과 싸우고, 밤에도 쉽게 잠들 수 없었다. 혼자 쓰는 2인 병실은 낯선 정적으로 가득했고, 한 시간 간격으로 들려오는 구급차 사이렌이 매번 잠을 깨웠다. 그 소리는 이 병원에 처음 왔던 순간과 겹쳐지며, 알 수 없는 불안감으로 이어졌다. 밤새 뒤척이다 지쳐 잠드는 일상이 반복되었다.

의사와 간호사는 언제나 무표정한 얼굴로 병실에 들어왔다. 그들이 말하는 현실은 담담하고 냉정했다. "과격한 운동은 힘들 겁니다.", "발가락이 원래대로 돌아오긴 어려울 수 있어요.", "나중엔 관절에 무리가 올 수도 있습니다." 이해하려고 했지만, 이해하지 못한 채 그대로 마음속에 남았다. 그 자리에선 아무 말도 못 했지만, 쌓인 감정은 결국 가장 가까운 사람이었던 아내에게 흘러갔다.

얼마 전까지만 해도, 나는 자신감 있게 보물섬을 탐험하던 베테랑 탐험가였다. 탐험은 멈추지 않을 것 같았다. 그런데 지금 나는 병실 침대 위에서 하루하루를 보내고 있었다. '죽지 않았잖아. 머리는 괜찮고, 오른발도 붙어 있잖아.' 스스로를 다독이며 작은 감사로 마음을 붙들려 했지만, 책에서 읽었던 긍정의 말들이 지금의 현실에 쉽게 녹아들진 않았다

아내는 그 시기의 나를 '외상후 스트레스가 지배한 사람'으로 기억한다. 통증이 조금 가라앉자 그 틈을 타 불안과 두려움이 밀려들었고, 감정은 하루에도 몇 번씩 널뛰었다. "괜찮아, 이겨낼 수 있어." 하다가도 몇 분 뒤엔 "다 필요 없어, 난 이제 끝났어."라고 말하고 있었다. 이런 과정에서 나오는 감정의 쓰레기들을 하나뿐인 내 편인 아내에게 쏟아냈다.

나는 늘 스스로를 긍정적인 사람이라 믿었다. 장애학교에서 4년 넘게 봉사활동을 하며, 혼자 대소변을 해결할 수 있다는 것만으로도 충분히 감사하다는 생각으로 살았었다. 하지만 실제로 그

런 불편함이 내게 닥치자, 현실의 나는 많이 달랐다. 불안은 그림자처럼 따라붙었고, 그림자가 짙어질수록 긍정보다는 부정적인 생각들이 마음을 채워갔다. 내 안에 살아 있던 열정은 점점 그늘 속에 가려지고 있었다.

대학병원에서의 1주, 그리고 일반병원에서의 4주. 약 한 달 반의 시간은 내 삶의 궤도를 바꿔 놓았다. 익숙하고 안전하다고 믿었던 나만의 보물섬, 그 안에 정성껏 세워온 테마파크는 어느 날 갑자기 무너져 내렸다. 오랫동안 곳곳을 누비며 원하는 보물을 찾아다녔던 보물섬 탐험은 그렇게 멈춰 버렸다.

어둠 속에서 빛나는 별

인생의 가장 어두운 시기

병원 문을 나서는 순간, 세상에 홀로 던져진 듯한 기분이 밀려왔다. 자유를 되찾은 줄 알았지만, 기다리고 있던 건 정적과 단절뿐이었다. 집은 안식처가 아니라, 흩어진 감정의 파편들이 남아 있는 낯선 공간처럼 느껴졌다. 혼자 남겨진 집에서의 시간은 오히려 병원에 있을 때보다 더 무겁게 흘러갔다.

집에서 고요한 시간이 길어질수록 '왜 하필 나였을까'라는 생각이 자꾸만 머릿속을 맴돌았고, 이런 생각을 잠재우고자 문 앞까지 배달된 술 한 병에 기대어 긴 밤을 홀로 버텼다.

수술 부위에 염증이 생길 수 있다는 걸 알면서도, 그보다 더 깊게 곪아가던 마음의 상처를 덮기 위해 나는 계속해서 술을 찾았다. 혼자만의 시간이 짙어질수록, 내 마음속의 부정적인 그림자도 함께 짙어졌다.

이런 문구를 본 적 있었다.

"당신과 리무진을 타고 싶어 하는 사람은 많지만, 그 리무진이 고장 났을 때 함께 버스를 타줄 사람이 진짜 친구다."

하지만 나는 리무진이 고장 났다는 사실을 주변에 굳이 알리고 싶지 않았다. 오히려 스스로를 고립된 공간으로 밀어 넣었고, 그 안에서 나 혼자 감정을 정리하려 했다.

고맙게도 한 동료가 출퇴근을 도와줘 휠체어를 타고 일을 할 수 있었다. 하지만 오른쪽 발목 통증 때문에 오래 앉아 있기가 어려웠다.

불가능을 가능으로 만든 사람들

집에 누워 낡은 벽지와 창문 틈 사이로 보이는 밤하늘만 바라보던 어느 날, 우연히 본 영상 하나가 마음을 건드렸다. 전신마비 환자가 입과 손가락 하나만으로 일상을 기록하고 있었다. 극도로 제한된 몸으로도 그녀는 삶에서 할 수 있는 것들을 찾아내고, 그 사실에 감사하며 살아가고 있었다. 영상 속 그녀의 눈빛은 맑았고 표정에는 평안함이 스며들어 있었다. 잔잔한 얼굴은 나를 향해 이렇게 말하는 것만 같았다.

"정신 차려, 나를 봐. 너의 불편함은 아무것도 아니야."

말 한마디 없었지만, 그 울림은 내 안에 퍼져 있던 어둠을 서서히 걷어냈다. 오래전부터 마음 깊숙이 웅크리고 있던 무언가가 꿈틀거렸다. 희망의 불씨가 서서히 되살아나며 나를 데워주는 듯했다.

영상 속 인물은『희망 노트』의 저자 조니 에릭슨 타다Joni Eareckson Tada였다. 그녀는 열일곱 살에 다이빙 사고로 전신마비가 되었다. 처음엔 불행만 바라보며 죽음을 꿈꿨지만, 내면의 가능성에 집중하기 시작한 후 인생이 완전히 바뀌었다. 지금은 세계적인 작가이자 화가, 자선 사업가로 활동하며 수많은 이들에게 희망을 전하고 있다.[3]

호기심이 일었다. 나는 곧장 인터넷을 뒤졌다. 생각보다 많은 이들이 불의의 사고 이후 장해를 안고 살아가며, 불가능이라 여겼던 삶을 가능성으로 채워가고 있었다. 그들의 이야기는 눈앞의 한계를 넘어선 인간 정신의 위대함을 보여주고 있었다. 그리고 무엇보다, 내게 깊은 울림과 용기를 주었다.

그 후로 내게 큰 용기를 준 인물 몇을 소개하고 싶다.

『나는 나를 포기하지 않는다』의 저자 빅토리아 알렌Victoria Arlen은 열한 살에 희소병에 걸려 식물인간 상태로 6년을 보냈다. 하지

---

3 조니 에릭슨 타다, 『희망 노트』, 두란노, 2011

만 기적적으로 깨어나 패럴림픽 금메달리스트가 되었고, 미국의 스포츠 전문 채널 ESPN의 최연소 리포터로 입사했다. 의사들이 불가능하다고 했지만 다시 걷고 춤을 출 수 있게 되었다.[4]

이탈리아 피트니스 인플루언서 나디아 라우리셀라Nadia Lauricella의 SNS 피드에는 두 팔 없이 서 있는 것조차 불편해 보이지만 웃음을 잃지 않고 운동하는 모습, 아름다운 드레스를 입고 '난 아름다워!'라고 외치는 모습이 담겨 있다.

'날개 달린 소녀'라는 닉네임으로 활동하는 인플루언서 데보카사 크릴리마Devojka sa krilima는 두 팔이 없지만 파리 패럴림픽 태권도 세계 챔피언이자 엄마, 아내, 미술 아티스트로 활동 중이다. 그녀는 당당하게 말하는 것 같았다.

"불가능은 없어!"

이외에도 많은 이들이 SNS를 통해 불가능을 가능으로 바꾸는 일상을 나누고 있었다. 자기 자랑만 가득하다고 생각했던 SNS는 어느새 내게 인사이트를 주는 공간이 되어 있었다.

하루 중 가장 어두울 때는 해가 뜨기 직전이다. 지금이 내 인생에서 가장 어두운 시기였다. 나는 오직 어둠만을 바라보고 있었다. 블랙홀처럼 모든 감정이 어둠 속으로 빨려 들어갔다. 그러나

---

4 빅토리아 알렌, 『나는 나를 포기하지 않는다』, 가나출판사, 2018

이제는 어둠 속에서도 빛이 스며드는 틈새를 향해 시선을 돌려야 한다는 것을 알아차릴 수 있었다.

마음 속 깊은 곳에서 작은 소리가 들려오기 시작했다.

"이봐, 다시 탐험을 시작해 보자고."

오래된
꿈

내게 찾아온 '영구장해'라는 선물

교통사고 이후의 1년은 끝없는 재활의 연속이었다. 휠체어에서 목발로, 그리고 다시 보조기를 착용하며 한 걸음 한 걸음 앞으로 나아갔지만, 일상으로의 복귀는 생각보다 더딘 여정이었다. 사람들 눈에 보이는 회복보다 더 큰 싸움이 내면에서 벌어지고 있었고, 나는 그 안에서 나 자신과 매일 대화하며 버티고 있었다. 발을 디딘다는 행위가 이렇게 어렵고도 위대한 일이라는 걸, 이 과정을 통해 처음 알게 되었다.

턱이 조금만 높아도 갈 수 없고, 계단은 공포 그 자체였다. 바퀴의 움직임 하나에도 수많은 제약이 따랐다. 내가 자유롭게 걷고 뛰며 누리던 것들이 사실은 수많은 조건이 허락했기에 가능한 일이었다는 걸 깨달았고, 그동안 얼마나 많은 걸 당연하게 여겼는지를 뼈저리게 반성했다. 이전에는 보이지 않던 세계가 눈에 들어오기 시작했고, 나는 내 삶의 기준과 관점을 다시 정립해나가기 시작했다.

그렇게 조심스럽게 일상을 회복해가던 어느 날, 손해사정사로부터 장해 판정 관련 전화를 받았다. 나는 걷고 있다고 말했다. 생각보다 괜찮다고도 했다. 그동안 스스로에게 되뇌어온 긍정의 언어들이 습관처럼 튀어나왔고, 그는 나의 응답을 바탕으로 '한시적 장해'라는 판단을 내렸다. 나 역시 별 의심 없이 동의했다. 설마 내가 영구장해일까. 마음 깊은 곳에는 여전히 부정하고 싶은 감정이 남아 있었다.

하지만 아내는 달랐다. 대학병원 간호사로 일하던 그녀는 단순한 전화 통화로 이루어진 행정적 판단이 타당하지 않다고 말했고, 우리는 결국 대학병원 재활의학과를 찾아가 정밀 검사를 받게 되었다. 그리고 마주한 결과는 예상과 전혀 달랐다.

"상기 후유장해는 영구장해에 해당하며, 금속고정물 제거 후에도 회복 가능성은 낮고, 피부 복원술이 필요할 수 있습니다."

그 말은 나를 멈춰 세웠다. 보상금 같은 계산은 머리에 떠오르지 않았다. 내가 앞으로 평생 이 몸과 함께 살아가야 한다는 명확한 현실, 그 한 문장이 나의 현재와 미래를 새롭게 정의하고 있었다. 나는 지금까지 나의 상태를 일시적이고 회복 가능한 수준이라

믿어왔지만, 의학은 그 믿음을 단호하게 뒤집으며 내 상태를 '영구장해'로 규정했다.

그러나 나는 무너지지 않았다. 이미 알고 있었기 때문이다. 나보다 더 깊은 절망과 장해를 안고 살아가는 사람들도, 자신의 방식대로 삶을 재구성해 내고 있다는 사실을. 일면식도 없는 그들은 나에게 '아무것도 아니야!'라고 말하고 있었다.

살다 보면 어째서 자신에게 나쁜 일이 일어나는지 도무지 이해할 수 없을 때가 많다. 또한 이를 극복하고 치유하는 데는 지름길이 없다. 사람마다 대처법이 다르기 때문이다. 고통, 불안에 대처하는 나의 방법은 보물지도를 바라보며 어둠의 틈새로 얇게 보이는 희망의 빛을 보는 것이었다.

신이 주신 쉼표

이 시기에 내가 가장 자주 되뇌었던 말은 '그럼에도 불구하고'였다. 영구장해라는 사실에도 불구하고, 나는 여전히 걷고 있었고, 언젠가는 다시 달릴 수 있으며, 어쩌면 다시 춤출 수도 있을 거라는 믿음을 놓지 않았다. 기적은 먼 곳이 아니라 지금 내 곁에 있었고, 그 감각이 나를 다시 살아 있게 만들고 있었다.

돌이켜 보면, 폭풍우 같은 교통사고 이후에도 보물지도는 나를 계속 움직이게 하고 있었다. 수술 2주 뒤에 예정돼 있던 석사 논문 발표는 처음엔 도저히 가능하지 않을 거라 여겼지만, 결국 나는 그 자리에 섰고 무사히 대학원 졸업을 마쳤다. 영구장해 진단을 받기 전, 재활 운동을 하며 시작된 걸음은 천천히 걷기로, 다시 천천히 달리기로 이어졌고, 시간은 배로 걸렸지만 결국 10km 마라톤을 완주했다.

처음엔 감옥처럼 느껴지던 집이었지만, 같은 공간을 바라보는 나의 시선은 확연히 달라지고 있었다. 여전히 불편하고 갇힌 공간이었지만, 그 안에서 무의식 깊은 곳에 묻어두었던 꿈들을 하나씩 꺼내기 시작했고, 이제는 그 집이 다시 꿈을 준비하는 '보물 창고'로 느껴지기 시작했다. 나는 마침내 그것을 감당할 준비가 됐고, 이 집을 나의 새로운 출발점으로 받아들이기로 했다.

이제 나는 이 장해를 받아들인다. 오히려 그것은 신이 내게 허락한 쉼표였고, 다시 방향을 조정할 수 있는 기회였다. 그것은 후퇴가 아니라 재정비였고, 멈춤이 아니라 더 멀리 나아가기 위한 점검이었다. 그래서 나는 신이 주신 이 쉼표를, 마침표로 받아들이지 않기로 했다.

죽기 전에 가봐야 할
미지의 영역

균형 잡힌 삶이라는 착각

미지의 영역을 향해 나아가기로 결심한 나는, 오랜만에 다시 보물 지도를 재설계하기로 마음먹었다. 한때는 자부심이자 성취의 상징이었던 것들이, 새로운 미지의 영역으로 향하려는 지금의 나에게는 어딘가 어색하게 느껴졌다. 결국 지도 위의 80% 이상이 사라졌고, 남겨진 공간은 낯설고 휑했다. 길을 잃은 탐험가처럼, 나는 그 앞에서 한동안 아무 말 없이 앉아 있었다.

그제서야 나는 내가 놓치고 있었던 진실 하나를 마주하게 되었다. 나는 내 삶이 단단히 균형 잡혀 있고, 누구보다 계획적으로 살아온 베테랑 탐험가라고 믿고 있었다. 하지만 지금 다시 바라보니, 나는 그저 한쪽 방향으로만 걸어온 초보자에 가까웠다. 멀리 가기 위해 필요한 균형과 리듬은 없었고, 스스로 만든 틀 안에서

'잘하고 있다'는 착각에 빠져 있었던 것이다.

자신이 설계한 보물섬 속 테마파크

짜릿한 워터 슬라이드를 타기 위해 많은 가족이 찾는 테마파크. 처음 이곳에 들어선 아이는 보호자의 손을 꼭 잡는다. 낯설고 복잡하지만, 몇 번만 다녀도 매표소, 놀이기구, 화장실까지 금세 익숙해진다. 이내 손을 놓고, 혼자서도 움직이며 자신만의 여정을 시작한다.

보호자는 자녀가 그 울타리 안에서 다치지 않기를 바란다. 자연스럽게 위험을 피하도록 돕는 대신, 자유를 제한하고 모험을 조심스럽게 통제한다. 우리는 그렇게, 어릴 적부터 잘 설계된 테마파크 같은 구조 속에서 안전하게 길들여진다.

하지만 나는 대학을 졸업하고 안정된 수입과 평화로운 가정, 건강한 두 딸과 함께하는 삶을 이룰 때까지 여전히 테마파크 안을 벗어난 적이 없었다는 사실을, 교통사고가 난 후에야 처음 알게 되었다.

테마파크는 편안함과 소속감을 제공하지만, 동시에 낯선 세계와의 접촉을 차단한다. 뇌과학적으로도 우리의 뇌는 새로운 회로를 만드는 데 에너지를 쓰기보다는 기존의 익숙한 정보에 기대려는 성향이 있다. 조 디스펜자Joe Dispenza는 『꿈을 이룬 사람들의 뇌』

에서 반복된 감정과 사고가 뇌 속 신경회로를 강화시키며, 이 회로를 깨뜨리기 위해선 의식적인 선택과 훈련이 필요하다고 말한다. 익숙한 감정을 벗어나지 않으면 뇌는 자동적으로 생존 본능에 따라 위험을 감지하고 과거의 패턴으로 돌아간다.[5]

우리는 불확실함보다 예측 가능성을 선택하고, 불편함보다는 편안함을 선호한다. 과거를 근거 삼아 미래를 설계하고, 반복된 흐름 속에서 새로운 가능성을 차단한 채 살아간다. 나 역시 멀리 떠나기보다 익숙한 경로를 따라 조심스럽게 움직이는 법에만 익숙해져 있었다.

예고 없이 닥친 폭풍

그러나 인생은 예고 없이 흐름을 바꾼다. 한밤의 교통사고는 내 삶을 통째로 뒤흔들었다. 내가 믿었던 안전한 구조는 순식간에 무너졌고, 낯익던 세계는 단숨에 낯설고 불확실한 풍경으로 바뀌었다. 새로운 방향을 향해 나아가야 한다는 자각은 분명했지만, 오랫동안 공들여 쌓아온 구조는 정작 변화의 순간에 나를 붙잡는 주저함이 되었다.

하지만 같은 상황에서도 누군가는 멈추고, 누군가는 다시 걸음

---

5 조 디스펜자, 『꿈을 이룬 사람들의 뇌』, 한언, 2009

을 옮긴다. 그 차이는 조건이 아니라 해석에서 시작된다. 우리는 종종 삶을 계획할 수 있다고 믿는다. 하지만 삶의 본질은 예측 불가능성에 있다. 중요한 건 시련을 피하는 것이 아니라, 그것을 마주한 순간 어떤 시선을 선택하느냐다.

그 순간 필요한 건 완벽한 설계가 아니라 시선을 바꾸는 통찰이다. 기존의 구조를 내려놓고, 전혀 다른 방향으로 나아갈 수 있는 유연함. 심리학에서는 이를 '인지 재구성cognitive reappraisal'이라 부른다. 감정을 억누르거나 회피하는 것이 아니라, 사건에 새로운 의미를 부여하는 사고 방식이다. 이 사고의 전환이 위기 속에서도 가능성을 찾게 만든다.

콜로라도 대학교 앨리슨 트로이 박사 연구팀은 실직, 이혼, 중병 등 심리적 충격을 겪은 이들을 장기간 추적했다. 그 결과, 동일한 사건이라도 긍정적으로 재해석한 사람들은 회복이 빠르고 삶에 대한 만족도도 더 높았다.[6] 결국 우리를 규정하는 것은 사건 자체가 아니라, 그것을 어떻게 해석하느냐다. "왜 이런 일이 나에게 일어났을까?"라는 질문 대신, "이 일은 내게 어떤 가능성을 열어주는가?"라고 묻는 순간, 우리는 더 이상 피해자가 아니다. 길을

---

6 Troy, A. S., Wilhelm, F. H., Shallcross, A. J., & Mauss, I. B., <Seeing the silver lining: Cognitive reappraisal ability moderates the relationship between stress and depressive symptoms>, Emotion, 2009

다시 선택한 탐험가가 된다.

진짜 탐험은 미지로 나아가는 그 순간부터 시작된다는 것을 드디어 알았지만, 첫발을 떼는 일은 결코 쉽지 않았다. 죽음을 가까이 마주한 뒤에야, 나는 처음으로 생각했다.

'죽기 전에 꼭 가봐야 할 미지의 영역, 이제는 그곳으로 향해야 하지 않을까?'

그건 내 안에서 오랫동안 잠들어 있던 무언가를 흔들어 깨웠다. 하지만 익숙한 세계는 여전히 내 곁에 있었다. 나는 익숙한 테마파크 울타리 주변에서 한참을 머뭇거렸다.

나는 무엇을 위해 성실했는가

의심과의 전쟁

죽음에 한 발짝 다가섰던 그날, 나는 오히려 삶의 본질을 마주했다. 진지하게 스스로에게 물었다.

"만약 그날 숨이 멈췄다면, 나는 무엇을 가장 후회했을까?"

가장 선명하게 떠오른 한 장면은 '무대 위에 서 있는 나'였다. 조명을 받으며 수백 명의 청중과 호흡하던 그 시간이, 내 인생 가운데 가장 강렬하고 벅찬 경험이었다. 어떤 이야기든 나만의 방식으로 전하며 선한 영향력을 주는 사람이 되고 싶다는 생각이 명확해졌다. 무대가 어디든, 누구 앞에서든, 내 삶을 나누는 강연가가 되기로 마음먹었다.

그러나 방향이 생겼다고 곧장 길이 열리는 것은 아니었다. 새로운 시작은 언제나 기대만큼이나 두려움을 안고 있었다. 가장 큰 걸림돌은 외부의 비난이 아니라, 내 안에 깊숙이 자리 잡고 있던 의심이었다. 마흔을 앞두고, 한 번도 가보지 않은 길을 택한다는 건 결코 가볍지 않은 선택이었다.

가장 강한 비난의 목소리를 낸 것도 다름 아닌 나 자신이었다. '너무 늦은 거 아냐?', '네가 뭘 할 수 있는데?', '가족은 어떻게 할 건데?' 이런 의심들이 스스로를 옭아매며, 내 안에 움트던 용기를 망설임으로 바꾸었다. 그렇게 나아가려던 발걸음이 자꾸만 제자리에서 머물렀다.

내게 가장 강력하게 작용한 앵커는 '돈'이었다. 안정적인 월급과 몇 년만 더 다니면 평생 나올 연금은 나의 행동을 억누르는 강력한 족쇄였고, '가족'이라는 이름은 족쇄에 책임이라는 도덕적 타당성을 부여했다. 주변 사람들에게 슬쩍 물어도 열이면 열, "연금은 받고 나서 꿈을 생각해도 되잖아."라는 대답이 돌아왔다.

하지만 단 한 사람이 나를 바라보며 전혀 다른 말을 했다.

"덤으로 사는 인생이잖아. 그렇다면 당신이 정말 하고 싶었던 꿈을 이번엔 꼭 도전해 봐."

그 사람은 내가 사랑하는 사람이자, 오랜 시간 내 곁을 지켜준 동반자였다. 연애 시절, 누구보다 가녀리던 그녀는 이제 '나 혼자도 괜찮아. 당신은 마음껏 도전해 봐.'라고 말하고 있었다. 그 순간, 나머지 모든 사람의 시선은 아무 의미가 없어졌다.

아버지와의 통화

그래도 삶을 통째로 바꾸는 일은 쉽지 않았다. 너무 오랫동안 주변에 맞춰 살아온 방식 때문이었다. 어떤 환경에서도 잘 적응하는 나는, 어디에 두어도 튀지 않고 조용히 제자리를 찾아갔다. 살아남기 위해 스스로를 주변 색에 맞추는 카멜레온처럼 나에겐 적응이 곧 생존이었고, 책임이었다.

장애를 가진 동생을 둔 집안의 장남으로서 나는 늘 '문제없는 사람'으로 살아야 했다.

어머니는 항상 말했다.

"환이야, 너까지 속 썩이면 엄마는 진짜 못 살아…."

나도 모르는 사이 그 한마디가 씨앗처럼 내 안에 심어져, 내 삶의 선택마다 보이지 않는 그림자를 드리웠다. 항상 괜찮은 사람이어야 했고, 누군가의 짐이 되어선 안 된다고 느꼈다.

대학 때는 성적장학금을 받기 위해 밤낮없이 공부했고, 아침엔 학부 사무실, 오후엔 웨이트장에서 일했다. 졸업 후에는 국가에서 대학 등록금을 받는 조건으로 군인의 길을 택했다. 부모님이 가장 안심할 수 있는 길이었다.

나는 성실이란 끈에 조용히 묶여 있었다. 그것이 족쇄라는 사실을 몰랐다. "넌 성실하잖아. 걱정되지 않아."라는 사람들의 말에 안도했고, 그 기대에 맞춰 사는 것이 나의 길이라 믿었다. 특수체

육교사의 꿈을 접고 군인의 삶을 택한 것도 성실해야 한다는 생각 때문이었다.

예기치 않은 교통사고를 겪고 발목에 영구장해라는 선물이 남고서야 그때부터 서서히 깨닫기 시작했다. 내가 성실했던 이유는 내가 원하는 삶을 살기 위해서가 아니라, 누군가의 기대를 저버리지 않기 위해서였다는 걸 말이다.

마흔을 앞둔 어느 날, 아버지와의 통화에서 결심은 단단해졌다.

"전역하려 합니다. 강연가로, 제가 원하는 무대에 서보고 싶어요."

돌아온 대답은 싸늘했다.

"연금 몇 년만 더 채우면 되잖아. 지금 그걸 포기해? 미친놈이야? 네가 드디어 미쳤구나!"

예전 같았으면 물러났을 것이다. 하지만 그날은 달랐다. 그 말이 오히려 마음속 마지막 매듭을 풀어냈다. 다음 날 나는 바로 전역 지원서를 제출했다. 연금을 포기하고, 내 남은 시간을 선택했다. 안정된 미래 대신, 진짜 나로 사는 현재를 택했다.

인생 카운트다운 시계

팀 페리스의 저서 『타이탄의 도구들』에 소개된 케빈 켈리는 자신이 앞으로 살 수 있는 시간을 계산해 '인생 카운트다운 시계'를 만들었다. 예측 사망일을 기준으로 매일 줄어드는 생의 잔여 시간을 바라보며 살아가는 것이다. 그는 이 시계가 인생에서 가장 집중력을 높여주는 도구라고 말한다.[7]

우리는 언젠가 죽는다. 하지만 죽음이 얼마나 남았는지 구체적으로 생각해 본 사람은 많지 않다. 한국 남성의 평균 기대 수명인 80.5세를 기준으로, 지금 내 나이 40세에서 앞으로 살아갈 시간은 약 40.5년, 날짜로 환산하면 14,794일이다. 죽는 날은 2065년 10월 7일. 단순한 계산이지만 구체적인 숫자를 마주한 순간 나는 시간을 바라보는 관점이 완전히 바뀌었다. 더 이상 시간은 흐르는 것이 아니라, 줄어드는 것이었다. 이 사실은 내가 하루를 대하는 태도를 바꿔놓았다.

미국 캘리포니아 대학교 심리학 교수이자 『미래의 나를 만난 후 오늘이 달라졌다』의 저자인 할 허시필드Hal Hershfield는 미래 자아를 추상적 개념이 아니라 '지금의 나와 연결된 구체적인 존재'로 인식한 실험 참가자들이 현재의 행동에 더 큰 책임감을 갖고 방향성이 명확한 선택을 더 많이 하게 되었다고 강조했다.[8] 시간이 유한하다는 사실을 인식하고, 미래를 시각화하고 구체화할수록 우

---

7 팀 페리스, 『타이탄의 도구들』, 토네이도, 2017
8 할 허시필드, 『미래의 나를 만난 후 오늘이 달라졌다』, 비즈니스북스, 2024

리는 의미 있는 목표에 시간을 투자하고, 오늘을 더 진지하게 살아가게 된다.

죽음을 마주한 순간, 나는 마침내 생각의 실마리를 붙잡을 수 있었다. 어디로 나아가야 할지, 덤으로 얻은 이 삶에서 무엇을 남겨야 할지, 그리고 오늘 하루를 어떻게 살아야 할지 모든 것이 선명해졌다. 한동안 멈춰 있었던 탐험 정신이 다시 꿈틀대기 시작했다.

하지만 폭풍을 지나며 텅 비어 버린 지도는 너덜너덜해지고 방향도 흐릿하게 번져 있었다.

지금 필요한 건 다시 뜨겁게 불붙는 열정이 아니라, 훼손된 보물지도를 바로잡는 일이었다. 마음속으로 조용히 다짐했다. 지도를 다시 그릴 수 있는 곳을 찾자. 내가 들고 있는 이 오래된 지도에 다시 숨결을 불어 넣어 줄, 지도 제작자의 작업실을.

지도 제작자를 찾다

거친 물살에 첨벙 뛰어드는 사람

'무대 위의 강연가'라는 오래된 꿈을 이루기 위해 필요한 것이 무엇인지부터 찾기 시작했다. 떠오른 두 단어는 '책' 그리고 '강연'이었다. 두 키워드를 포털 검색창에 입력했는데 작가 커뮤니티가 눈에 들어왔다.

홈페이지를 둘러보다 한 권의 책이 시선을 붙잡았다. 『불리한 청춘은 있어도 불행한 청춘은 없다』 절판되어 중고로 어렵게 구한 책을 반복해서 읽었다. 물가에서 안전만 외치는 게 아니라 거친 물살에 첨벙 뛰어든 이 저자라면 나를 강연가로 만들어 줄 것 같았다.[9]

---

9 이정훈, 『불리한 청춘은 있어도 불행한 청춘은 없다』, 느낌이있는책, 2015

저자가 운영하는 작가 커뮤니티, 이곳이 진짜 시작점일 수 있다는 생각이 들었다. 훼손된 보물지도를 복원하고, 새로운 탐험을 준비할 수 있도록 도와줄 공간일지도 모른다는 직감이 스쳐갔다.

지도 제작자의 작업실

'앞으로 어떻게 살아야 할까?'라는 질문에는 여전히 명확한 답이 없었다. 하지만 질문을 바꾸자 방향이 보이기 시작했다. '누구와 함께 새로운 방향을 탐험할 것인가?'

그때 깨달았다. 미지의 영역으로 향하려면, 그 길을 먼저 가본 안내자와 그 영역에 진심으로 관심 있는 탐험가들을 만나야 한다는 것을. 혼자서는 막막했던 그 여정도 함께라면 두려움이 줄어들고, 보물을 찾을 가능성은 훨씬 더 넓어질 수 있었다.

미지의 영역을 가려면 새로운 지도가 필요했다. 훼손되고 텅 빈 보물지도로는 더 이상 나아갈 수 없었다. 지도를 복원하고, 다시 설계하는, 출발을 위한 정비 공간이 필요했다. 나를 일으켜 세우고, 같은 꿈을 꾸는 탐험가들과 함께 모여 새로운 방향을 설계할 수 있는 '지도 제작자의 작업실' 같은 곳이 간절했다.

2024년 8월, 인대 복원 수술 후 병원에 누워 있는 동안 커뮤니티를 자주 검색했다. 퇴원 후에도 보조기를 착용해 일상을 사는 것조차 버거웠지만, 마음은 점점 뜨거워지고 있었다. 그러던 중

우연히 북콘서트 소식을 접했고, 주저 없이 보조기를 찬 채 그곳으로 향했다.

공간은 따뜻한 갈색 톤과 잔잔한 금빛 조명으로 꾸며져 있었다. 벽의 나무결과 묵직한 테이블, 그 사이에 놓인 무대 하나. 수많은 사람들이 자신만의 지도를 그리고 있는 듯한 그 분위기. 상상 속 '지도 제작자의 작업실'과 흡사했다. 무대 위에 선 내 모습이 자연스럽게 그려졌다.

북콘서트가 끝나고 저자의 사인을 받고 나오는 길, 한 남자가 벽에 기대 서 있었다. 바로, '지도 제작자'라 여겨진 이정훈 작가였다. 하지만 말 한마디 걸지 못하고 발걸음을 돌렸다. 지하철역 화장실에서 땀을 닦는데 가슴이 뜨거워지고 심장이 전율했다. 이건 분명한 신호였다. 다시 그 자리로 돌아갔다.

그는 여전히 그곳에 서 있었다. 더는 망설이지 않았다.

"안녕하세요. 저는 박환이입니다. 15년간 실천해 온 콘텐츠가 있습니다."

그는 조용히 고개를 끄덕이며 말했다.

"알겠습니다. 먼저 이야기를 들어보고 싶습니다."

그의 차분한 목소리에 정신이 들었다. 준비된 것은 아무것도 없었지만, 이미 새로운 탐험은 시작되고 있었다. 그렇게 지도 제작자의 작업실 문을 두드렸다.

지도를 다시 그리는 사람들

지도 제작자의 작업실에는 각자의 도구를 든 장인들이 모여 있다. 흐릿해진 지형을 다시 그리는 윤곽 디자이너, 찢기고 닳은 자국을 복원하는 복제 인쇄공, 사라진 길 위에 좌표를 새기는 위치 기록사, 바랜 색을 덧입히는 색채 조율사, 오래된 종이를 강화하는 재질 복원가, 상징과 기호를 정리하는 도안 정비사, 지도를 접고 말아 낱장으로 완성하는 출력 감독관까지.

이들은 단순히 종이를 고치는 것이 아니라, 보물섬으로 향하는 마지막 단서를 되살리는 수고의 손길을 보탠다. 한 사람의 천재보다 더 중요한 것은 제자리를 지키며 협력하는 전문가들의 조화다. 이 협업은 우연히 이루어지지 않는다. 각자의 기술과 시선이 하나의 목적 아래 모일 때 비로소 탄생한다. 그것이 바로 공동체, 커뮤니티의 힘이다.

책을 통해 용기를 얻은 뒤 그가 속해 있는 커뮤니티를 찾아 이 공간에 도착하게 되었다. 그렇게 나는 미지의 영역을 향한 탐험을 준비하기 시작했다.

원하는 보물이 있는 비포장도로

전역 지원서를 제출한 지 얼마 지나지 않은 여름날, 아내가 아버지와의 통화 내용을 전해 줬다.

"포장되지 않은 자갈밭을 선택하게 허락해 줬니? 반대하지 그랬어? 같이 연금 받으며 평생 걱정 없이 살면 얼마나 좋니?"

아버지의 말에는 분명 사랑과 걱정이 담겨 있었다. 그 마음을 이해했다. 하지만 동시에 다른 생각도 떠올랐다.

'자갈밭' 하면 험하고 불편한 길이라는 이미지가 떠오른다. 그러나 생각해 보면 일부러 자갈밭을 걷는 이들도 있다. 혈액 순환을 위해, 삶의 감각을 깨우기 위해. 산악 바이크를 즐기는 사람들 역시 포장된 아스팔트가 아닌 굽이진 오르막을 향해 페달을 밟는다. 어쩌면 사람은 본능적으로 자신이 원하는 것을 찾아갈 때, 조금의 불편과 위험을 기꺼이 감수하는 존재인지도 모른다.

우리가 흔히 '안정적'이라고 말하는 삶의 경로, 즉 학교를 졸업하고 취업하고 정년까지 일한 후 노후를 맞이하는 방식이 모든 사람에게 맞진 않는다. 어떤 이는 해외 난민촌에서 봉사하며 살아가고, 어떤 이는 평생 산을 오른다. 그들이 바보라서 그런 선택을 하는 것이 아니다. 오히려 그 길 끝에 자신이 진심으로 원하는 보물이 있다고 믿기 때문에 기꺼이 불편하고 위험한 길을 선택하는 것이다.

누군가 내게 말한다.

"그 길은 위험해. 안정적이지 않아."

하지만 나는 확신한다. 내 보물이 있는 곳이라면, 자갈밭이라도 괜찮다고. 오히려 평평하게 포장된 길보다 나를 더 살아 있게 만들고 더 단단하게 성장하게 해줄 길이라고. 그리고 그 길을 걸으며 반드시 행복할 수 있다고 믿는다.

3장

정비

우리는 어디로든 나아갈 수 있다.
핵심은 내가 선택한 순간,
그 길이 곧 나의 현실이 된다는 점이다.

뇌과학 - I

탐험가의 뇌 엔진 '신경 가소성'

낡은 본능이 우리의 삶을 망친다

한밤중, 가로등 아래에서 나방들이 불빛을 향해 미친 듯이 돌진한다. 몇 마리는 부딪혀 바닥으로 떨어지고, 몇 마리는 불빛 주위를 맴돌다 결국 지쳐 쓰러진다. 지나가던 사람들은 한심하다는 듯 그 광경을 바라본다. 하지만 나방은 단순히 빛에 홀린 것이 아니다. 그것은 진화 과정에서 터득한 본능이다. 나방은 원래 달빛을 따라 이동하며 방향을 잡는다. 달은 멀리 떨어져 있기 때문에 일정한 각도를 유지하며 비행하면 안정적인 경로를 유지할 수 있다. 하지만 전구가 등장하면서 이 메커니즘이 깨졌다. 나방의 본능은 달빛과 전구를 구분하지 못한다. 강한 전등 불빛을 달빛으로 착각한 나방은 불빛을 향해 비행을 시도하지만, 결과적으로 원을 그리며 맴돌다 소진된다. 생존을 위한 강력한 본능이, 환경이 변하자 오히려 생명을 위협하는 요소로 변한 것이다.

한 상인이 창고 구석에서 오래된 가죽부대를 발견했다. 과거 부드럽고 탄탄했던 가죽부대는 딱딱하게 굳어 있었다. 아까운 마음에 새 포도주를 담아 봤지만 오래된 가죽은 발효 과정에서 발생하는 압력을 견디지 못하고 찢어졌다. 포도주는 바닥으로 흘러내리고, 낡은 가죽부대는 쓸모없는 존재가 되었다.

예수는 제자들에게 말했다.

"새 포도주는 낡은 가죽부대에 넣지 아니하나니, 그럼 가죽부대가 터지고 포도주가 쏟아져 버릴 것이다. 새 포도주는 새 가죽부대에 넣어야 둘 다 보존될 수 있다." (마태오복음 9:17)

이는 단순한 비유가 아니다. 과거에 유용했던 방식도 환경이 변하면 더 이상 적절하지 않을 수 있다. 변화하지 않으면 결국 깨져버리고 만다. 우리의 사고방식도 마찬가지다. 과거의 경험에만 의존하면 변화의 기회를 놓칠 수 있다.[10]

폭우가 쏟아지는 강 한가운데 한 남자가 떠내려가고 있었다. 그는 다급히 나뭇가지를 모아 뗏목을 만들었다. 필사적으로 노를 저어 마침내 강을 건너는 데 성공했다. 하지만 이상한 일이 벌어졌

10 조엘 오스틴, 『긍정의 힘』, 긍정의힘, 2005

다. 그는 뗏목을 버리지 않고, 마치 생명줄을 쥔 듯 등에 짊어진 채 걸어갔다. '뗏목이 나를 살렸으니 절대 버릴 수 없어.' 강을 건넌 후에도 무거운 뗏목을 지고 다니는 바람에 그는 점점 지쳐갔다. 살아남기 위해 만든 도구가 이제는 그의 발목을 잡는 짐이 되어 버린 것이다.

부처는 제자들에게 물었다.

"강을 건너기 위해 만든 뗏목이 유용했더라도, 강을 건넌 후에도 그것을 등에 지고 다녀야 하겠느냐?"

강을 건널 때야 뗏목이 필수 도구였지만, 목적지에 도착한 후에는 짐이다. 과거에 도움이 되었던 것이 미래에도 도움이 되리란 보장은 없다.

최근 연구에서 이를 뒷받침하는 논리가 등장했다. 『싱크 어게인』의 저자 애덤 그랜트는 "우리가 과거의 신념을 고수할수록, 변화하는 환경에서 적응할 기회를 잃는다. 새로운 관점을 받아들이는 능력이 곧 생존력이다."라고 강조했다.[11]

이 세 가지 사례는 하나의 공통점을 가진다. 변화하는 환경 속에서도 과거의 본능과 익숙한 방식에 집착하면, 그것이 오히려 생존과 성장의 걸림돌이 될 수 있다는 것이다.

---

11 애덤 그랜트, 『싱크 어게인』, 한국경제신문사, 2021

인간의 뇌도 마찬가지다. 우리의 사고방식과 행동 패턴은 본능적으로 익숙한 것을 따르려 한다. 변화가 불편하고, 익숙한 방식이 안전하다고 믿기 때문이다. 하지만 세상이 변하면, 과거의 방식이 더 이상 유효하지 않을 수도 있다. 변화한 환경에서 본능을 그대로 따르는 것은 오히려 우리의 삶을 망칠 수도 있다. 그렇다면 뇌는 과연 변할 수 있을까?

변화하는 뇌의 발견, 신경 가소성

우리는 지금의 사고방식과 행동 패턴을 타고난 본능이라 착각하곤 한다. 하지만 신경 과학은 이를 반박한다. 뇌는 유연하며 경험과 학습을 통해 지속적으로 변화할 수 있다. 이를 신경 가소성Neuroplasticity이라고 부른다.

신경 과학자 데이비드 이글먼David Eagleman은 『더 브레인』에서 이렇게 설명했다. "좋은 연장통에는 당신에게 필요한 연장들이 들어 있다. 볼트를 풀어야 한다면, 당신은 스패너를 집어 들 것이다. 스패너가 없으면 집게를 사용할 수도 있다. 건강한 뇌 역시 마찬가지다. 병이나 손상으로 인해 특정 경로가 차단되더라도, 뇌는 환경에 맞게 다른 해결책을 찾아낼 수 있다."[12] 즉, 우리의 뇌는 이

12 데이비드 이글먼, 『더 브레인』, 해나무, 2017

미 존재하는 신경망만을 사용하는 것이 아니라, 필요에 따라 새로운 신경망을 구축할 수도 있다.

신경 생리학자 조 디스펜자는 『꿈을 이룬 사람들의 뇌』에서 이를 설명하며, "새로운 것을 배울 때마다 뇌는 감각을 통해 정보를 처리하고 신경 회로에 기억을 새긴다. 이것은 우리가 외부 자극에 적응하여 행동을 수정할 수 있는 능력이 있다는 뜻이다."라고 말했다.[13]

하버드 대학교의 신경 과학자 사라 래저Sara Lazar는 명상과 뇌 구조 변화의 관계를 연구했다. 그녀가 8주간 명상 훈련을 한 참가자들의 뇌를 분석한 결과, 감정 조절과 자기 인식에 관련된 전두엽 피질이 두꺼워졌으며, 스트레스 반응과 관련된 편도체의 크기가 감소했다. 이는 반복적인 경험이 단순히 사고방식뿐만 아니라, 뇌의 물리적 구조 자체를 변화시킬 수 있음을 의미한다.

즉, 뇌는 고정된 것이 아니다. 우리가 무엇을 생각하고, 무엇을 경험하며, 어떤 행동을 반복하는가에 따라 뇌의 구조 자체가 바뀔 수 있다. 하지만 나방이 본능적으로 빛을 따라가듯, 우리의 뇌는 변화보다는 익숙함을 따르려 한다. 낡은 가죽부대가 새로운 압력을 견디지 못해 찢어지는 것처럼, 뇌 역시 유연성을 잃으면 변

---

13 조 디스펜자, 『꿈을 이룬 사람들의 뇌』, 한언, 2009

화하는 환경을 감당하지 못한다. 썩은 뗏목을 버리지 못하는 것처럼, 과거의 성공 방식에 집착하면 새로운 기회를 잡지 못한다.

경쟁자가 아닌 교관의 뇌로 최적화

직장에 승진 시험이 있듯, 군대에도 장교로 임관 후 반드시 거쳐야 하는 두 가지 중요한 교육 과정이 있다. 하나는 중대장이 되기 전에 받는 OAC(Officer Advanced Course, 장교 고급 과정), 또 하나는 소령 이상 영관장교가 받는 '육군대학' 교육이다.

나는 OAC 교육에서 좋은 성적을 받지 못했다. 성적표는 이후 소령 진급을 준비하는 7년 동안 꼬리표처럼 나를 따라다녔다. 아무리 일을 잘 추진하고 성과를 내도, 중요한 보직을 맡거나 진급 시즌이 다가오면 어김없이 교육 성적이 발목을 잡았다. "너는 일은 잘하는데, 교육 성적이 좋지 않다." 같은 이야기를 반복해서 듣다 보니, 결국 나 스스로도 그렇게 믿어 버렸다. "나는 공부머리는 영 없나 보다." 심지어 와이프마저도 "여보는 몸 쓰는 일이나 추진력은 좋은데, 공부는 좀 아니잖아?"라고 말할 정도였다.

그렇게 시간이 흘러 결국 소령으로 진급했다. 하지만 또다시 두려운 순간이 다가왔다. 육군대학에 입소할 차례였다. 장교가 받는 마지막 교육 과정이며 여기서의 성적이 군 생활 내내 따라다닌다. 전 교육생 중 성적이 30% 안에 들면 '우수', 10% 안에 들면 '탁월'

평가를 받는다. OAC 때와는 비교할 수 없을 정도로 치열했다. 모두 군 생활이 걸려 있었고, 생계를 위해서라도 좋은 성적을 받아야 했다. 이번만큼은 성적표가 나를 괴롭히게 두지 않기로 했다.

나는 보물지도에 '육군대학 우수(30%)' 목표를 붙이고 철저히 준비했다. 그리고 이번에는 예전과는 다른 전략을 세웠다. 경쟁자가 아닌 '교관의 뇌'로 최적화한 것이다. 이전까지는 '성적을 올려야 한다'는 생각에 집중했지만, 이번에는 역할을 다르게 설정했다. '나는 교육생을 가르치는 교관이다.' 이란 사고방식을 심기 시작했다.

입소 1년 전부터 준비를 시작했다. 교육 과정이 시작되자 매일 4시간씩 자면서, 살면서 한 번도 해본 적 없는 강도로 공부했다. 그리고 동료들을 '학생'으로 생각했다. 공부한 내용을 감추지 않았고, 오히려 가르쳐 주면서 내 것으로 만들었다.

이전까지는 시험 문제를 하나라도 더 맞히려고 경쟁심을 가졌다면, 이제는 내 머릿속 지식을 정리해 그들에게 쉽게 전달하는 방법을 고민했다. 설명할수록 지식이 정리되었고, 가르치는 과정 자체가 나를 더 깊이 있게 공부하도록 만들었다. 시간이 흐르자, 동료들은 나를 경쟁자로 보기보다 도움을 주며 성장하는 교관으로 인식하기 시작했다.

육군대학에서는 모든 장교들이 자신만의 방식으로 공부했다.

어떤 이는 도서관에서 홀로 묵묵히 학습했고, 어떤 이는 그룹 스터디를 조직해 함께 문제를 풀었다. 나는 다른 방식을 택했다. 아는 것을 아낌없이 나누는 것, 그것이 나의 전략이었다.

어느 날, 한 선배가 조용히 나를 불렀다. 육군대학 과정이 중반을 넘어가면서, 모두가 성적에 대한 압박을 받기 시작할 즈음이었다. 그가 나를 보며 말했다. 나름대로 정리한 자료가 있다면, 반을 위해 참고서를 만들어 볼 수 있겠냐고 물었다.

이미 내 뇌는 교관의 뇌로 최적화되어 있었다. 고민하지 않고 바로 시작했다. 마음 맞는 동료들과 함께 '육대 정석'이라는 참고서를 만들었다. 공부한 내용을 정리해, 중요한 시험을 대비할 수 있도록 구성한 자료였다. 개인적인 정리 노트가 아니라, 누구나 쉽게 보고 공부할 수 있는 체계적인 참고서였다. 앞장에는 내 이름과 함께 도와준 동료들의 이름도 써넣었다.

참고서를 만들면서 나는 남들보다 몇 배는 더 공부해야 했다. 머릿속에 있는 지식을 체계적으로 정리하고, 다른 사람들이 쉽게 이해할 수 있도록 구성하는 과정은 쉽지 않았다. 하지만 그 과정에서 나는 자연스럽게 반복 학습을 하게 되었고, 오히려 다른 누구보다도 더 깊이 있는 이해를 하게 되었다.

자료는 빠르게 퍼져나갔다. 처음에는 우리 반에서만 공유되었지만, 점차 모든 교육생이 보는 자료가 되었다. 그리고 어느 순간,

내 얼굴을 모르는 사람들조차 내 이름을 알게 되었다. 누군가 나에게 물었다.

“이걸 다 공유한다고? 너무 아까운 거 아니야?”

사실, 그런 생각이 아예 없진 않았지만 내 뇌는 교관의 뇌로 재배열된 상태였다. 경쟁자의 뇌였다면 정보를 숨겼겠지만, 교관의 뇌로 최적화된 지금, 공유하는 것이 오히려 나를 성장시킨다는 것을 알고 있었다.

참고서 제작에 멈추지 않고 나는 교관들을 찾아가 특강을 요청했고, 시험이 다가오자 내 이름을 걸고 모의고사를 진행했다. 처음에는 다섯 명이 참석했는데 나중에는 쉰 명이 넘는 인원이 참여했다. 어느새 나는 같은 교육생이 아니라, 실제 교관처럼 행동하고 있었다.

그 결과, 나는 육군대학 성적 '탁월'(10%)을 받으며, 목표였던 우수(30%)보다 더 높은 성적을 기록하며 보물을 손에 넣었다. 그 이후 와이프는 더 이상 내게 공부를 못한다고 말하지 않는다.

나는 원래 공부를 못하는 사람이 아니었다. 단지 내 신경망이 기존의 방식에 맞춰 고정되어 있었을 뿐이었다. 신경 가소성을 통해 뇌를 교관의 뇌로 재배열하자 기존의 사고방식이 완전히 바뀌었고, 공부하는 방식 자체가 변화했다. 뇌는 우리가 주어진 환경에 적응하도록 변화할 수 있다. 단, 그 변화는 의도적으로 설계해야 한다. 신경망을 새롭게 구축하고 반복적으로 훈련하면 우리가 가진 가능성은 무한대로 확장된다.

당신의 뇌는 보물을 찾는 탐험가의 뇌인가?

우리의 뇌는 신경 가소성을 통해 변화할 수 있지만, 방향이 없다면 결국 과거의 패턴을 반복하고 만다. 탐험가는 목표를 분명히 하고, 지도와 기록을 활용해 길을 찾아간다. 우리는 보물지도를 통한 시각화의 힘과 탐험일지를 통한 기록의 힘을 통해 뇌가 새로운 목표를 향해 나아가도록 만들 수 있다.

미래의 목표를 단순히 '생각'하는 것만으로는 부족하다. 시각화는 뇌가 목표를 현실처럼 받아들이도록 돕는 강력한 도구다. 사회 심리학자 에밀리 발세티스Emily Balcetis는 연구에서 명확한 목표를 시각적으로 떠올리는 사람일수록 행동 변화 속도가 빨라지고, 목표 달성 가능성이 높아진다는 사실을 발견했다.[14] 뇌는 어떤 목표를 생생하게 떠올릴수록 그것을 이미 경험한 것처럼 반응한다. 마치 처음 가는 길이라도 머릿속으로 여러 번 그려보면 실제 걸을 때 덜 낯설게 느껴지는 것과 같다.

---

14 Emily Balcetis, 『Clearer, Closer, Better: How Successful People See the World』, Ballantine Books, 2020

신경 생리학자 조 디스펜자는 『당신도 초자연적이 될 수 있다』에서, 우리의 뇌는 실제 경험과 생생한 상상을 명확히 구분하지 못하기 때문에, 반복적으로 시각화를 하면 뇌는 그것을 현실로 받아들이고 목표를 향한 신경망 구축 속도를 가속화한다고 설명했다.[15]

기록은 뇌의 신경망을 강화하는 데 중요한 역할을 한다. 같은 내용을 반복해서 쓰는 행위는 특정 신경 회로를 지속적으로 자극하며, 연결을 점점 더 단단하게 만든다. 이 과정을 '장기 강화long-term potentiation'라고 부르며, 이는 학습과 기억을 형성하는 데 핵심이 되는 생물학적 메커니즘이다.

기록은 단순한 메모가 아니다. 반복을 구조화해 행동을 습관으로 바꾸는 도구다. 어색했던 행동도 기록을 통해 익숙해지고, 결국 자연스러운 나의 일부가 된다. 신경 심리학자 릭 핸슨Rick Hanson과 신경학자 리처드 멘디우스Richard Mendius는 공저 『붓다 브레인』에서 다음과 같이 설명한다. 반복적인 학습과 경험은 뇌 속 신경 회로를 강화하고, 그 결과 새로운 행동이 자연스럽게 형성되며, 이러한 과정은 궁극적으로 우리의 사고방식과 정체성까지 바꾼다.[16]

---

15 조 디스펜자, 『당신도 초자연적이 될 수 있다』, 샨티, 2019

16 릭 핸슨, 리처드 멘디우스, 『붓다 브레인』, 불광출판사, 2010

즉, 보물지도를 그리고 탐험일지를 작성하는 것은 단순한 행동이 아니다. 그것은 우리의 뇌가 보물을 향해 나아가도록 유도하는 탐험가의 전략이다. 신경 가소성은 우리에게 변화할 수 있는 기회를 준다. 하지만 변화는 의도적인 노력 없이 저절로 일어나지 않는다. 이제, 당신이 선택할 차례다.

뇌과학 - II

탐험가의 인지 필터 '망상 활성화계'

우리가 찾는 것만 보이는 마법

새 차를 계약한 날, 도로 위 풍경이 달라졌다. 그동안 수없이 인터넷을 뒤지고, 자동차 커뮤니티를 검색하고, 전문가들의 리뷰를 찾아보며 고민했던 차였다. 전시장에 가서 직접 앉아보고, 핸들을 잡아보며 질감을 느껴보고, 트렁크를 열어보고 닫아보기를 반복했다. 여러 모델을 비교한 끝에 드디어 결정을 내렸다. 계약서를 작성하고 나오면서 만족감과 기대감이 가득했다.

그런데 이상한 일이 벌어졌다. 출고를 기다리며 도로를 달리는 동안, 계약한 차가 계속 눈에 들어왔다. 신호 대기 중, 옆 차선에 같은 모델이 서 있었다. 색상까지 검정색으로 같았다. 신호가 바뀌고 출발하자 이번에는 앞차가 같은 모델이었다. 출근길 내내,

회사 주차장에서도, 퇴근길 사거리에서도 마찬가지였다. 평소에는 전혀 보이지 않던 차가, 이제는 어디서나 보였다. 마치 온 세상이 같은 차를 구매한 것처럼 느껴졌다.

퇴근 후, 백화점 한가운데 있는 카페에서 가족들을 만나기로 했다. 백화점은 쇼핑객들로 북적였다. 카페도 마찬가지였다. 바리스타가 주문을 부르는 소리, 커피 머신이 내는 증기 소리, 주변 테이블에서 나누는 대화들이 공기 중에 울려 퍼졌다.

그 순간, 모든 소음을 뚫고 한 목소리가 또렷이 들려왔다.

"아빠!"

시끄러운 소음 속에서도 딸아이의 목소리는 마치 확성기 소리처럼 크고 정확했다. 왜 수많은 정보 중 내가 원하는 정보만 알아차리는걸까?

이 개념은 커뮤니케이션 전문가 엘런 피즈Allan Pease와 바바라 피즈Barbara Pease가 『결국 해내는 사람들의 원칙』에서 설명한 바 있다. 그들은 "뇌는 우리가 집중하는 것만을 인식하며, 원하는 것을 찾을 준비가 되어 있어야 그것을 발견할 수 있다"고 말한다.[17]

또한 일본의 자기계발 전문가 간다 마사노리Kanda Masanori는 『비상식적 성공 법칙』에서 "지하철에서 빨간 옷을 입은 사람을 찾아

---

17 엘런 피즈, 바바라 피즈, 『결국 해내는 사람들의 원칙』, 비즈니스북스, 2009

보라."는 간단한 실험을 통해, 우리가 특정한 대상에 집중하는 순간 그것이 유독 도드라져 보이는 원리를 설명한다.[18]

하지만 이 현상이 단순한 심리적 착각이 아니라는 것은 과학적으로도 증명된 사실이다. 뇌는 중요한 정보만 선택하고 나머지는 버린다. 우리의 뇌는 매일 엄청난 양의 정보를 받아들인다. 정확히 말하면 하루 동안 감각기관을 통해 들어오는 정보의 양은 74GB, 즉 4억 비트 이상이다.[19] 하지만 이 중에서 우리가 의식적으로 인식하는 정보는 단 0.0005%, 약 2천 비트뿐이다. 즉, 뇌로 들어오는 정보의 99.9995%는 들어오는지도 모르고 무시된다.[20]

이 역할을 담당하는 것이 바로 망상 활성화계RAS, Reticular Activating System다. RAS는 우리의 의식과 무의식 사이의 필터이면서 의식에서 받은 명령들을 무의식으로 전달하는 관문이다. RAS는 주변에서 밀려드는 수많은 정보 중에서 설정 내용에 유의미한 것만 선발해 나의 관심 속으로 밀어 넣고 나머지 무관한 정보는 미련 없이 잘라 낸다.

하버드 대학교의 심리학자 대니얼 사이먼스Daniel Simons와 크리

18 간다 마사노리, 『비상식적 성공 법칙』, 쌤앤파커스, 2013

19 대니얼 J. 레비틴, 『정리하는 뇌』, 와이즈베리, 2015

20 스탠퍼드 대학교 신경과학 연구팀, 「습관과 인지 과정에 대한 연구」, 스탠퍼드 대학교 출판부, 2022

스토퍼 차브리스Christopher Chabris가 진행한 '보이지 않는 고릴라 실험'은 이 원리를 극명하게 보여준다.[21] 이 실험에서 참가자들은 농구 경기 영상을 보며, '흰색 유니폼을 입은 팀의 패스 횟수를 세어 보라.'는 미션을 받았다. 실험이 끝난 후 연구진이 질문을 던졌다.

"혹시 경기 도중 고릴라를 본 사람이 있나요?"

대부분의 참가자들은 어리둥절했다. 영상을 다시 확인하자 한 남자가 고릴라 탈을 쓰고 코트를 가로질러 지나가는 장면이 있었다. 하지만 참가자의 절반 이상이 이를 보지 못했다. 뇌가 미리 설정된 목표에 맞춰 정보를 필터링했기 때문이다.

스탠퍼드 대학교 신경과학 연구팀이 발표한 연구에서도 비슷한 결과가 나왔다.[22] 연구진은 참가자들을 두 그룹으로 나누고, 한 그룹에게는 하루 동안 자신이 경험한 긍정적인 순간을, 다른 그룹에게는 실수한 순간을 기록하게 했다. 같은 하루를 보냈음에도 불구하고, 긍정적인 순간을 기록한 그룹은 더 행복한 하루를 보냈다고 응답한 반면, 실수를 기록한 그룹은 하루 종일 실수를 많이 했다고 느꼈다. 즉, 뇌는 찾으려는 것만 보여준다.

---

21 대니얼 사이먼스, 크리스토퍼 차브리스, 『보이지 않는 고릴라』, 웅진지식하우스, 2011

22 스탠퍼드 대학교 신경 과학 연구팀, 「긍정적 사고와 주의 집중 연구」, 스탠퍼드 대학교 출판부

뇌가 집중하는 것만 현실로 만드는 RAS의 특징

뇌과학 연구 결과를 종합하면, RAS에는 몇 가지 중요한 특징이 보인다. RAS는 우리가 중요하다고 생각하는 정보를 선택한다. 이는 마치 뉴스 편집자가 신문 1면에 실릴 기사를 고르는 것과 같다. 모든 기사를 실을 수 없기에 가장 중요한 뉴스만을 선택하듯, 뇌도 한정된 주의력을 가장 의미 있는 정보에 집중하도록 조정한다.

RAS는 수면 중에도 작동한다. 어떤 문제를 고민하며 잠들었다가, 아침에 갑자기 해결책이 떠오른 경험이 있는가? 이것은 마치 당신이 잠든 동안, 뇌가 보이지 않는 연구실에서 실마리를 맞추며 퍼즐을 완성하는 것과 같다. 우리가 쉬고 있을 때도 RAS는 끊임없이 작동하며 필요한 정보를 찾아내고 정리하는 역할을 한다.

RAS는 말보다 이미지에 더 강하게 반응한다. 단순한 문장보다는 선명한 그림이 더 강한 인상을 남긴다. 목표를 단순한 문장으로 적어두는 것보다, 머릿속에 선명한 장면을 떠올릴수록 뇌는 그것을 현실처럼 받아들인다. 마치 영화 속 한 장면처럼 생생하게 그릴수록, 뇌는 그것이 실현된 것처럼 착각하며 실행할 준비를 한다.

RAS는 감정이 실린 정보에 더욱 민감하게 반응한다. 강한 감정이 담긴 기억은 마치 레이저로 새겨진 듯 오래 남는다. 어린 시절 크게 기뻤던 순간이나 충격적인 사건이 잊히지 않는 이유도 여기에 있다. 감정이 실린 경험은 단순한 정보가 아니라, 뇌에 깊이 각인된 이야기와 같다.

RAS는 반복되는 정보를 중요하게 인식한다. 같은 말을 반복해서 듣고 나도 모르게 믿어 버린 경험이 있는가? 이는 숲속에서 처음에는 희미하던 오솔길도 계속 걸어다니면 선명한 길이 만들어지는 것과 같다. 목표를 반복적으로 기록하고 되새기면, RAS는 그것을 중요한 정보로 인식하고 실현 가능성을 높인다.

RAS는 현실과 상상을 구별하지 못한다. 실제로 경험한 것과 머릿속에서 수없이 반복한 상상이 뇌에서는 거의 같은 의미로 작용한다. 운동선수들이 경기 전 시각화 훈련을 하는 이유도 이 때문이다. 이는 마치 비행 시뮬레이션을 반복적으로 연습하는 조종사가 실제 비행에서도 익숙하게 조종할 수 있는 것과 같은 원리다. 뇌는 훈련된 길을 따라가기 때문이다.

RAS는 부정적인 표현을 이해하지 못한다. "나는 살이 찌지 않을 거야."라고 말하면 뇌는 "살이 찐다."라는 단어를 먼저 인식한다. 마치 "절대 초콜릿을 생각하지 마."라고 하면 머릿속에 초콜릿이 먼저 떠오르는 것과 같다. 대신 "나는 건강한 몸을 유지할 거야."처럼 긍정적인 표현을 사용하면 뇌는 그것을 목표로 받아들인다.

RAS는 모든 정보를 1인칭 시점으로 받아들인다. 내가 누군가를 부러워하거나 부정적으로 바라보면, 뇌는 그것을 타인의 일이 아니라 내 일처럼 받아들인다. 이는 마치 배우가 배역에 몰입하면 실제 감정까지 따라가는 것과 같다. 부정적인 감정을 줄이고, 긍정적인 목표를 설정하는 것이 중요한 이유도 여기에 있다. "나는 부족해."라고 생각하는 대신, "나는 계속 성장하고 있다."라고 인식하면, 뇌는 이를 현실로 만들기 위해 작동한다.

우울증 초기에서 바디프로필 촬영까지

갑작스레 10개월간 육아휴직을 하게 되었다. 계획에 없던 휴직이었고, 예상치 못한 상황 속에서 초보 아빠로 전쟁터에 던져진 기분이었다. 하루 종일 아이와 함께하는 일이 이렇게까지 고될 줄 몰랐다. 쉴 틈 없이 움직이며 온 신경을 쏟아야 했고, 끝없는 요구에 응하면서도 미처 다 해내지 못한 일들이 쌓여갔다. 정신적으로도, 육체적으로도 한계에 다다르고 있었다.

왜 퇴근 시간이 다가오면 아내가 늘 전화를 걸었는지, 그때 던진 말들이 담고 있던 진짜 의미를 알 것 같았다. "여보, 언제 와?"라는 말이 단순한 시간 확인이 아니라, '나 힘드니까 빨리 와서 도와줘.'라는 절박한 신호였음을 깨달았다.

나는 육아휴직을 하는 동안 하루도 빠짐없이 아내에게 퇴근 시간을 확인하는 전화를 걸었다. 오후 5시 30분이 되면 자동적으로 핸드폰을 들었고, 그전에는 시간이 멈춘 것처럼 느껴졌다. 하루 종일 아이와 씨름하며 시간은 더디게 흘렀고, 아내가 집에 돌아오는 순간이야말로 유일한 안식 같았다.

네 살짜리 딸을 혼자 돌보는 일이 군대에서 100명을 지휘하는 것보다 더 어려웠다. 직장에서는 계획과 규칙이 통했지만, 육아에서는 예측 불가능한 상황이 연속으로 벌어졌다. 감정에 따라 행동이 달라지는 아이에게 논리는 의미가 없었고, 모든 것은 그 순간의 상황에 따라 흘러갔다. 육아는 단순노동이 아니라 체력과 정신력을 모두 쏟아야 하는 창의적 과정이라는 걸 절실히 깨달았다.

점차 무기력해졌다. 창밖을 멍하니 바라보는 시간이 늘어갔고, 어느 날 핸드폰 메모장에 '우울', '외로움'이라는 단어를 적었다. 순간, 정신이 번쩍 들었다. 혹시나 하는 마음에 '육아 우울증 초기 증상'을 검색했다.

검색된 증상들을 하나씩 읽어 내려가면서, 마치 내 이야기를 그대로 옮겨놓은 것 같다는 생각이 들었다. 매일 같은 공간에서 같은 일을 반복하며 어른과의 대화는 줄어들었고, 점점 사회에서 멀어지는 듯한 고립감이 들었다. 신체적인 피로도 컸지만, 무엇보다 정신적인 지침이 더 깊었다. 이대로 두면 더 깊이 빠질 것 같았다. 변화를 만들어야 했다.

해결책을 찾던 중, 규칙적인 운동이 우울감을 극복하는 데 도움이 된다는 연구 결과를 보았다. 육아로 인해 규칙적으로 운동하던 패턴이 완전히 깨진 지 오래였고, 거울 속 내 모습은 전과 너무 달랐다. 체중은 10kg이나 불어 있었고, 몸은 무거워졌으며, 체력은 눈에 띄게 떨어졌다.

이때, 바디프로필 촬영이라는 목표가 떠올랐다. 단순히 '운동을 해야지.'라고 막연히 생각하는 것이 아니라, 분명한 목표가 필요했다. 무엇을 위해, 언제까지, 어떻게 운동할지를 명확히 정해야 지속할 수 있을 것 같았다. 나는 보물지도 한가운데 '바디프로필 촬영'이라는 목표를 붙였다.

그 순간, 뇌의 망상 활성화계가 작동하기 시작했다. 어떤 사진관에서 촬영할까, 가격은 얼마일까, 촬영 일정은 언제가 좋을까, 식단은 어떻게 조절해야 할까, 운동 루틴은 어떻게 만들어야 할까. 이전까지는 관심조차 없던 정보들이 자연스럽게 눈에 들어오기 시작했다. 목표를 시각화하는 순간부터, 뇌는 나를 그 방향으로 자연스럽게 이끌고 있었다.

마트에서 장을 보는데 이전까지는 그냥 손이 가는 대로 인스턴트 음식을 집어 들었지만, 다이어트를 다짐한 뒤부터는 자연스럽게 제품의 성분표를 확인하고 칼로리를 따지기 시작했다. 습관처럼 사던 과자는 다시 제자리에 내려놓았고, 음식을 선택할 때 '이게 내 몸에 어떤 영향을 줄까.'를 고려했다. 처음엔 그저 작은 변화였지만, 시간이 흐를수록 하나둘씩 생활 습관 자체가 바뀌고 있다는 걸 실감했다.

육아와 운동을 병행하기 위해, 아내가 퇴근한 뒤인 저녁 8시부터 1시간 동안 5km 이상을 달리는 것을 기본 운동으로 정했다. 처음에는 하루 종일 육아로 지친 상태에서 뛰는 것이 너무 버거웠다. 그러나 하루, 이틀, 일주일이 지나면서 몸의 변화가 느껴졌다.

처음엔 숨이 차고 다리가 무거웠지만, 점점 속도가 붙었고 몸이 가벼워졌다. 근육이 붙고 체력이 돌아오기 시작했다. 무엇보다 정신적으로 활력을 되찾았다.

운동하는 동안에는 온전히 나에게 집중할 수 있었고, 하루 동안의 육아 스트레스에서 벗어날 수 있었다. 땀을 흘리고 난 후의 개운함, 점점 변화하는 몸을 보면서 느끼는 성취감. 하루의 끝을 그렇게 정리하고 나니 삶이 달라지고 있었다. 어느 순간, '우울감'이라는 단어는 내 머릿속에서 완전히 사라졌다.

몇 개월 후, 체중계 숫자는 정확히 내가 원하던 건강한 몸무게를 가리키고 있었다. 바디프로필 촬영은 더 이상 막연한 다짐이 아니라, 현실이 되었다. 내가 선택한 장소에서, 원하는 가격으로 촬영을 마쳤다. 사진 속의 나는 단순히 몸을 만든 것이 아니라, 삶을 바꾸었다는 확신을 가진 사람이었다. 육아휴직을 하면서 깨달은 것은, 몸과 마음을 돌보는 것이 곧 삶을 돌보는 것이라는 점이었다. 나는 이후에도 같은 방식으로 체중 감량과 몸 관리를 성공적으로 유지하고 있다. 더 나아가, RAS를 활용해 원하는 목표를 이루는 방법을 생활 전반에 적용하고 있다.

건강한 몸과 정신을 갖고 싶다면, 그것 또한 하나의 보물이다. 그 보물을 보물지도에 붙이는 순간 RAS는 자동으로 작동하기 시작한다. 당신의 목표는 무엇인가? 지금, 보물지도에 붙여 보라.

탐험에서 얻은 최신 GPS 칩

보물지도를 그리는 것은 RAS에 최신 GPS칩을 장착하는 것과 같다. 목표만 설정하면, 뇌는 자연스럽게 그 방향으로 정보를 필터링하고, 경로에서 벗어나면 다시 조정한다. 하지만 흐릿한 지도는 탐험을 방해한다. 목표가 구체적일수록, 뇌는 더욱 선명한 길을 찾아낸다.

탐험를 하다 보면 폭풍을 만나거나 예상치 못한 시련이 찾아올 수 있다. 이럴 때 필요한 것이 바로 탐험일지다. 탐험일지는 일기 같은 기록이 아니다. 인생이라는 보물섬 탐험에서 나의 현재 위치를 확인하고, 방향을 조정하는 도구다. 목표를 지속적으로 기록하고 점검하면, 뇌는 그것을 중요한 정보로 인식한다. 기록이 없으면 어디로 가야 할지 잃어버릴 수 있지만, 꾸준한 기록은 나를 다시 올바른 경로로 돌아오게 만들어 결국 원하는 보물이 있는 목적지에 도달하게 해준다.

이제 당신의 RAS를 올바른 방향으로 설정할 차례다. 원하는 것에 집중하고, 반복하며, 긍정적인 이미지를 떠올려라. 그러면 뇌가 알아서 길을 찾을 것이다.

뇌과학 - III

탐험가의 심장을 가진 '해마'

런던 출장과 블랙캡의 기적

비행기가 히드로 공항 활주로에 착륙하자, 그녀는 빠르게 시간을 확인했다. 중요한 사업 미팅까지 남은 시간은 불과 50분. 공항에서 거래처가 위치한 런던 중심부까지는 최소 40분이 걸렸다. 서둘러 짐을 챙겨 입국 심사를 통과한 그녀는 택시 승강장으로 달려갔다. 블랙캡 택시가 줄지어 서 있었고, 그녀는 숨을 고르며 맨 앞에 있는 택시의 문을 열었다.

"채링크로스 근처, 세인트 마틴 레인으로 가주세요. 최대한 빨리요!"

택시 기사는 태연한 표정으로 고개를 끄덕였다. 그녀가 스마트폰을 꺼내 지도를 열려 하자, 기사는 손을 살짝 들어올리며 말했다.

"걱정 마세요. GPS 없이도 정확히 모셔다 드립니다."

그녀는 놀란 눈으로 기사를 쳐다봤다. GPS도 없이? 그녀가 여태껏 경험한 택시 기사들은 목적지를 입력하느라 몇 분을 허비하곤 했는데, 이 기사는 도로를 훑어보는 듯하더니 그대로 출발했다.

택시는 빠르게 런던 도심으로 진입했다. 도시는 생각보다 훨씬 더 복잡했다. 곧게 뻗은 뉴욕의 그리드 시스템과 달리, 런던의 도로는 미로처럼 꼬여 있었다. 수백 년의 역사를 품은 거리들은 불규칙한 형태로 이어져 있었고, 빅토리아풍 건물과 현대적인 빌딩이 뒤섞인 좁은 골목들은 마치 끝이 보이지 않는 미로 같았다.

트라팔가 광장을 지나 세인트 제임스 공원 쪽으로 향하던 중, 도로 곳곳에서 차들이 몰려드는 모습이 보였다. 런던의 교통체증은 악명 높았다. 신호등 하나가 3~4분씩 바뀌지 않는 곳도 있었고, 일방통행 도로가 많아 한 번 길을 잘못 들면 되돌아오는 데만 수십 분이 걸릴 수도 있었다.

그녀는 조급한 마음에 창밖을 내다보았다. 하지만 택시 기사는 조금의 망설임도 없이 작은 골목길로 진입했다. 비좁은 도로를 타고 재빠르게 방향을 바꾸며 차선을 자유자재로 이동했다.

"여기서 지름길로 갑니다. 러셀 스트리트를 지나 코벤트 가든 뒤편으로 돌아가면 시간을 절약할 수 있어요."

그녀는 다시 한 번 놀랐다. 이 남자는 런던이라는 도시를 마치 자기 손바닥처럼 꿰고 있었다. 신호등이 없는 작은 교차로를 이용해 교통체증을 피하고, 관광객들로 붐비는 거리를 피해 최적의 경로를 찾아갔다. 몇 분 후, 블랙캡은 부드럽게 미팅 장소 앞에 멈춰 섰다. 시간을 확인했다. 믿기 힘들 정도로 빠른 도착이었다. 숨을 돌리며 차에서 내린 그녀는 미팅 장소로 걸음을 옮겼다.

도시를 누비는 베테랑 탐험가의 뇌

빽빽하게 얽힌 런던의 골목길, 도무지 길이 있을 것 같지 않은 복잡한 도로망 속에서도 검은 택시는 정확한 목적지를 향해 거침없이 나아간다. 마치 도시에 숨겨진 보물지도를 손에 쥔 베테랑 탐험가처럼.

과학자들은 인간의 두뇌가 사용 방식에 따라 변형될 수 있음을 밝혀냈다. 이 사실은 블랙캡 기사들의 뇌를 연구한 결과에서도 분명히 드러났다. 런던의 전통적인 블랙캡 기사가 되려면 '더 날리지 The Knowledge'라 불리는 시험을 통과해야 하는데, 이는 단순한 시험이 아니라 수년에 걸쳐 도시의 2만 5천 개 도로와 주요 지점을 완벽히 암기해야 하는 극한의 과정이다.

런던의 도로 시스템은 마치 중세 도시의 흔적이 남아 있는 듯하고, 특히 뒷골목은 거미줄처럼 얽혀 있다. 이러한 길을 기억하기 위해 블랙캡 기사들은 3~4년 동안 자전거를 타고 런던 거리를 직접 탐험하며 몸으로 익힌다. 그러나 이 도전에 나선 사람들의 4분의 3은 중도에 포기하고 만다.

2011년, 유니버시티 칼리지 런던University College London, UCL의 연구진은 블랙캡 기사들의 해마 크기를 분석했다. 그 결과, 이들의 해마 회색질 부피가 일반 운전기사들보다 훨씬 크다는 사실이 밝혀졌다. 이는 해마가 더 활발히 활동하며 기억을 저장하는 능력이 강화되었음을 보여준다.[23] 흥미로운 점은, 이들의 해마가 마치 숙련된 탐험가처럼 복잡하고 두려움을 자아낼 수 있는 도시의 미로를 자연스럽게 받아들이고, 기억하며, 활용한다는 점이다. 그렇다면 해마는 과연 어떤 역할을 하기에 이토록 중요한 것일까?

기억의 문지기이자 도마뱀 조련사 해마

해마는 이름 그대로 바닷속 해마를 닮은 작은 구조로 뇌 깊숙한 곳, 감정과 기억을 다루는 변연계limbic system에 속해 있다. 크기는 작지만 해마는 인간의 뇌에서 가장 모험적인 기질을 가진 존재다. 기억의 문지기이자 도마뱀 조련사 역할을 수행하며, 탐험가의 뇌를 만들어 낸다.

첫째, '기억의 문지기'인 해마는 우리가 하루 동안 접하는 수많

23 김현수, <해마에서 기억 통합의 시간적 역학>, 신경과학 저널, 2021

은 정보 중에서 무엇이 중요한지, 무엇을 버릴지를 결정한다. 가게에서 마신 커피 브랜드 같은 단기 기억은 며칠 뒤 잊히지만, 자녀의 생일이나 전화번호는 장기 기억으로 남는다. 왜일까? 해마가 정보를 반복적으로 받아들이고 중요하다고 판단한 뒤 대뇌피질로 넘기기 때문이다.

일본의 뇌과학자 이케가야 유지는 "기억이 해마를 통과해 장기 기억으로 변환되기까지는 약 1개월의 심사 기간이 걸린다."고 설명한다.[24] 단기 기억은 일시적으로 스쳐 지나가지만, 해마를 통과한 기억은 우리의 정체성을 구성하는 '삶의 이야기'로 남는다.

둘째, 해마는 생존 본능의 본거지 '도마뱀의 뇌'라 불리는 뇌간과 소뇌를 간접적으로 조율한다. 생존에 꼭 필요한 기능을 담당하는 이 도마뱀의 뇌는 새로운 것에 대해 본능적으로 공포를 느끼고 회피하려 한다. 미지의 세계, 낯선 사람, 익숙하지 않은 변화는 곧 위협으로 간주된다. 그래서 우리는 종종 기회를 앞에 두고도 한 발 물러서게 된다.

이때 해마는 도마뱀의 뇌를 조련하듯, 새로운 정보를 수용하고 과거의 경험과 연결해 맥락을 만든다. 도마뱀의 뇌가 '위험하다.'고 알람을 울릴 때, 해마는 '예전에 비슷한 상황이 있었고, 괜찮았

---

24 스미스 외, <기억 형성에서 해마의 역할>, 네이처 신경 과학, 2020

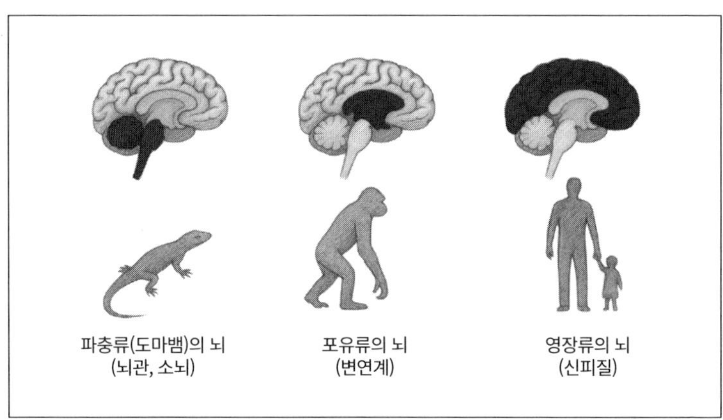

어.'라고 알려주며 감정의 회로를 조율한다. 즉, 해마는 감정과 기억이 얽힌 변연계의 허브로서, 생존 본능이 만들어 내는 자동 반응을 해석하고 조정하는 역할을 수행한다. 해마가 건강할수록 우리는 덜 두려워하고, 더 과감하게 인생의 보물지도를 그려나갈 수 있다.

해마가 없는 동물들은 새로운 경험을 시도하지 않는다. 과학자들은 해마가 손상되면 어떤 일이 벌어지는지 알아보기 위해 동물 실험을 진행했다. 먼저 동물들이 주변 환경을 자유롭게 탐색하도록 한 뒤, 해마에 일정 양의 방사선을 조사하였다. 방사선에 노출되어 해마가 제 기능을 하지 못하자, 동물들은 이전처럼 환경을 탐색하기보다 익숙한 장소로 돌아가 원래 있던 자리에만 머물렀다. 이들은 마치 호기심이 모두 사라진 듯 보였다.[25] 이는 해마가 우리 안의 '탐험 본능'과 직결되어 있다는 강력한 증거다.

하루짜리 드림콘서트 경호원

스무 살 초반, 내 인생에서 가장 어려운 부탁을 받았다. 고등학생 제자 다섯 명이 전동휠체어를 타고 다가왔다. 그리고 콘서트 티켓과 함께 타자로 쓴 편지를 건넸다.

"선생님, 평생의 소원이에요. 우릴 콘서트장에 데려가 주세요. 좋아하는 가수를 보고 싶어요. 선생님이라면 우릴 데려갈 수 있을 것 같아요."

편지는 떨리는 손끝으로 눌러쓴 '간절함' 그 자체였다. 제자들은 제대로 말을 할 수 없었다. 뇌성마비 중증 장애를 앓고 있었기에 그들의 모든 감정은 조용한 글자에 담겨 있었다.

나는 대학에서 특수체육교육을 전공했다. 적성이 맞는지 알아보겠다는 단순한 마음으로 시작했던 봉사활동은 어느덧 3년이라는 시간을 채우고 있었다. 그들을 다르다고 느끼지 않았고, 조금 느릴 뿐 같은 삶을 살아가는 존재로 진심을 다해 대했다. 진심은 벽을 허물었고 제자들은 신뢰를 보냈다.

2008년 드림콘서트. 장소는 서울 잠실 올림픽 주경기장. 콘서

---

25 조 디스펜자, 『꿈을 이룬 사람들의 뇌』, 한언, 2009

트까지는 두 달 남짓 남아 있었다. '전동휠체어를 탄 중증 장애인 다섯 명과 함께 대형 콘서트장에 간다.' 지금 보면 한 줄의 문장이지만, 당시엔 수십 개의 시나리오와 수백 개의 변수로 이루어진 복잡한 과제였다. 한번도 가본 적 없는 장소, 예측할 수 없는 인파, 경험 부족, 그리고 무엇보다 그들을 온전히 책임져야 한다는 부담감이 한꺼번에 밀려들었다. 이건 도저히 교재에서 가르쳐 줄 수 없는 현실의 문제였다.

그들의 소원을 외면할 수는 없었다. 곧바로 계획을 세웠다. 단순한 외출이 아닌 프로젝트였고, 준비가 필요했다. 콘서트장에 가기 전 지하철 타는 법, 공공장소를 이용하는 법, 다중 인파를 지나가는 요령 같은 생활 밀착형 훈련이 필요했다. 제자들이 준 티켓과 잠실 주경기장 사진을 방 책상 앞에 붙여 두고, 매일 아침 어떤 동선을 익혀야 할지 고민하며 시나리오를 그리고 또 그렸다.

매주 주말, 우리는 드림콘서트가 열릴 잠실 주경기장 인근의 영화관과 음식점 같은 공공장소를 다녔다. 그 과정에서 자연스럽게 주변 지하철역의 엘리베이터 위치, 장애인 화장실, 출구 방향, 비상 시 대피 루트를 익혔다. '기억의 문지기' 해마는 그 길들을 기억 속에 하나하나 기록해 나갔다. 낯설었던 동선은 점차 익숙한 길이 되었고, 불가능처럼 보였던 콘서트 나들이는 가능한 미션으로 재해석되었다.

성당에서 중고등부 주일학교 선생님으로 활동하던 시절이었기에 콘서트 당일 비슷한 또래의 학생 세 명을 동행자로 불렀다. 나를 포함해 아홉 명이 잠실 주경기장으로 향했다. 입장 후, 예상치 못한 현실이 기다리고 있었다.

책을 사고 받은 티켓이었기에 좋은 자리가 아니었다. 공연장에서 가장 먼 구역이었다. 시력이 약한 제자들에겐 무대가 전혀 보이지 않았고, 휠체어가 들어갈 수 있는 구조도 아니었다. 힘겹게 제자들을 좌석에 앉히고 보이냐고 묻자 당연히 안 보인다고 했다. 무대 위 사람이 개미처럼 작게 보일 뿐이었다.

두려움은 이미 뇌간에서 올라오고 있었다. '이건 실패일지도 모른다', '다시 돌아가야 할지도 모른다'는 도망의 신호가 울렸다. 그러나 그때 도마뱀의 본능을 조용히 조율한 건 '도마뱀 조련사'로서의 해마였다. 반복된 시뮬레이션과 준비 과정에서 마주했던 수많은 상상 시나리오들이 빠르게 움직였다. 안내 요원을 찾아가 '급한 사정'이 있다며 책임자를 불러 달라고 요청했다.

경호 책임자가 도착했다. 정장을 입고 단호한 표정을 짓고 있었다. 침착하게 상황을 설명했다. 제자들이 중증 장애를 갖고 있고, 시력까지 약해 지금 이 좌석에서는 아무것도 볼 수 없다는 점. 무대 가까이로 갈 수 있는 방법이 없는지 조심스레 요청했다. 말도 안 되는 요청이었지만, 다행히 총괄 책임자에게 전달해 무대 근처로 자리를 옮길 수 있게 해주겠다고 했다. 제자들을 보니, 시키지도 않았는데 진심 어린 눈물과 콧물로 나를 지원하고 있었다.

결국, 우리는 무대 오른편 구역에 자리를 배정받았다. 제자들의 눈에도 무대가 보였고, 고개를 끄덕이는 표정을 보며 마음속으로 안도했다. 그러나 평온은 오래가지 않았다. 사회자의 오프닝 멘트와 함께 폭죽이 터진 직후, 수백 명이 관객석 상단 담벼락을 무너뜨리듯 넘어왔다. 공연장을 향해 돌진한 그들은 좀비처럼 몰려들었고, 우리는 그 물결 속에 휘말렸다.

놀란 제자들이 경기를 일으켰다. 뇌간은 '이탈하라'고 신호를 보냈지만, 내 안의 '도마뱀 조련사 해마'는 다시 한 번 준비된 기억을 꺼냈다. 시뮬레이션했던 위기 상황 속 대응 매뉴얼이 머릿속에 펼쳐졌고 본능적으로 움직였다. 제자들을 보호하고, 휠체어를 정리하며, 난입한 인파를 차단하고 안전 구역을 확보했다.

20여 분 뒤, 사태는 진정되었고 경호 책임자와 행사 주관자가 다가왔다.

"아까 주변을 통제하시는 모습을 봤습니다. 제자들을 VIP석으로 모시겠습니다. 대신 이곳에서 경호 임무를 맡아주시겠어요?"

검정색 정장을 입고 무전기를 찬 채, 나는 하루짜리 경호원이 되었다. 공연은 보지 못했고, 앉을 수도 없었지만, 제자들은 무대 바로 앞 VIP석에서 자신들이 평생 보고 싶어 하던 가수들을 마음껏 바라볼 수 있었다.

그날, 나의 뇌는 분명히 기록했다. 해마는 단순히 기억을 저장하는 장치가 아니라, 준비된 기억을 행동으로 전환하는 '기억의 문지기'이자, 두려움을 조절하고 감정을 다스리는 조련사였다. 나는 그날, 누군가의 소원을 현실로 만들어 준 하루짜리 경호원이었다.

해마를 자극하는 방법

기억의 문지기인 해마는 반복되는 정보를 눈여겨본다. 중요한 정보는 해마의 문턱을 넘어 대뇌피질이라는 저장고에 깊이 각인된다. 반면 단발적인 감정이나 흘러가는 생각은 쉽게 잊힌다. 도마뱀의 뇌가 두려움으로 움츠러들 때, 해마는 과거의 기억을 끌어와 현재의 감정을 해석하고, 새로운 도전을 가능케 한다. 이 두 가지 기능을 해마가 제대로 수행하게 하려면, 우리는 해마가 사용하는 언어를 이해해야 한다.

해마는 반복, 감정, 이미지, 기록이라는 방식으로 자극을 받는다. 다시 말해, 해마는 시각화된 감정과 반복된 기록에 반응하는 존재다. 그리고 해마를 움직이는 도구가 바로 보물지도와 탐험일지다.

보물지도는 해마에게 신호를 보내는 등대다. 삶에서 찾고 싶은 보물, 이루고 싶은 미래, 되고 싶은 나의 모습을 명확하게 그려낼 때, 해마는 그 이미지를 단순한 상상이 아닌 반드시 기억해야 할 목표로 인식한다. 매일 같은 이미지를 바라보며 같은 감정을 상기하면, 해마는 그것을 중요한 데이터로 판단하고 장기 기억으로 가는 문을 활짝 연다.

탐험일지는 해마가 보물을 얻으러 가는 여정에서 수집한 정보들을 분류하고 정리하는 일지다. 도전과 시행착오, 감정과 통찰이 탐험일지에 기록될 때, 단순한 하루는 '좌표가 찍힌 경로'가 된다. 기록이 쌓일수록 해마는 이 사람은 진짜 탐험 중이라 인식하고, 처음엔 덜컥 겁먹던 도마뱀의 뇌도 해마의 조련 아래 점점 고개를 숙인다. 두려움은 익숙해지고, 주저함은 행동으로 바뀐다.

보물지도는 해마에게 "이 방향이야."라고 알려 주는 이정표이고, 탐험일지는 "잘 가고 있어."라고 속삭여 주는 여정 추적기다. 이제 당신 안에 있는, 탐험가의 심장을 가진 해마를 당신이 원하는 새로운 경험으로 자극하라.

양자역학 - I

탐험가의 가능성 '미립자 중첩'

최초의 시각 장애인 국어 교사

소년은 태어날 때부터 세상이 흐릿했다. 낮에는 안개가 낀 듯 뿌옇고, 밤이 되면 칠흑 같은 어둠뿐이었다. 태어날 때부터 망막색소변성증으로 인해 시력이 매우 약했다. 초등학교에 입학했지만 신발장을 찾는 것도 힘들었고, 칠판 글씨는 아예 보이지 않았다.

병원을 찾았을 때 의사는 냉정하게 말했다.

"이 아이는 안경을 써야 겨우 0.1 정도의 시력이 나옵니다. 앞으로 점점 더 시력이 떨어질 것입니다."

그는 여덟 살이 되어서야 처음으로 안경을 썼다. 세상이 또렷이 보이던 그 순간 마치 새 세상에 태어난 듯했다. 하지만 기쁨도 잠시, 시간이 흐를수록 그의 시력은 서서히 사라져 갔다.

그래도 그는 포기하지 않았다. 시력이 흐려지는 와중에도, 그는 매일 책을 읽고 공부했다. 하지만 그가 간절히 꿈꿨던 길은 허락되지 않았다.

"너는 교사가 될 수 없어. 교대에 지원하려면 시력이 최소 0.3은 되어야 해."

그는 교대를 포기해야 했다. 대신 일반 대학에서 교직 과목을 이수했다. 졸업 후 사설학원에 강사로 취직했다. 그런데 그가 시각 장애인이라는 사실이 알려지자 하루아침에 해고되었다. 현실은 가혹했다.

그 순간부터 그는 길을 잃었다. 무려 8년 동안 백수로 지냈고, 삶이 버겁게 느껴졌다. 여러 가지 사업을 시도했지만 모두 실패했다. 그는 점점 더 깊은 절망 속으로 빠져들었다. 그러던 어느 날, 운명처럼 한 여자를 만났다.

"당신이 앞을 보지 못해도 괜찮아요. 내가 평생 당신의 눈이 되어 줄게요."

그들은 가정을 이루었다. 두 아이가 태어났고, 그는 다시 살아갈 이유를 찾은 듯했다.

하지만 인생은 또 한 번 그를 시험에 들게 했다. 시력은 완전히 사라졌고, 빚더미 속에서 벗어날 길은 보이지 않았다. 가족을 지키기 위해서라도 그는 다시 일어서야 했다. 하지만 앞이 보이지 않는 아버지가 어떻게 아이들을 책임질 수 있겠는가? 경제적 어려움과 완전한 시력 상실로 그는 다시 한 번 깊은 절망에 빠졌다. 공황장애까지 겹치며 삶의 의미를 잃어가던 그때, 라디오에서 한 소식을 들었다. 시각 장애인도 교사 임용이 가능해졌다는 뉴스였다.

하지만 시각 장애인을 위한 교재가 없었다. 교과서를 음성 파일로 변환하는 데만 수개월이 걸렸다. 그는 귀로 듣고 또 듣고, 외우는 방식으로 공부해야 했다. 부부는 함께 밤낮없이 일하며 교재를 만들었고, 8개월 동안 쉼 없이 달렸다. 그리고 마침내 임용시험에 합격했다.

그는 중학교 국어 교사가 되었다. 이제 새로운 두려움이 싹트기 시작했다. 학생들과 학부모들이 자신을 받아들일지 걱정스러웠던 것이다.

첫 수업을 들은 한 학생이 자신의 어머니에게 새 국어 선생님에 대한 이야기를 전했고, 그 어머니는 아이에게 이렇게 말했다.

"지금까지 책에서 헬렌 켈러 이야기만 봤겠지만, 학교에서 지금의 국어 선생님을 만난 것과 비교하면 그건 아무것도 아니야. 넌 국어를 제일 잘할 기회를 얻은 거야."

이 말을 전해 들은 그는 감사함에 눈물을 흘렸고, 두려움은 사라졌다. 그는 학생들이 사랑하는 최고의 국어 선생님이 되었다. 그는 한국 최초의 시각 장애인 국어 교사인 유창수 선생님이다.[26]

그는 공용방송에 출현하며 '인생에 최악이란 없다. 시각 장애도 뛰어넘은 교직의 꿈, 주어진 상황을 걸림돌이 아닌 디딤돌로 바꿔라'라는 주제로 강연을 하며 여러 사람들에게 가능성의 힘을 보여줬다.

인큐베이터에서 눈을 감고 태어난 한 아이

또 다른 한 아이가 병원 인큐베이터에 조용히 누워 있었다. 조산으로 태어나 산소 공급이 필요했기 때문이었다. 그런데 예상치 못한 일이 벌어졌다. 산소 과다 공급으로 망막이 손상되었고, 그는 평생 빛을 볼 수 없게 되었다. 어릴 때부터 사람들은 걱정했다.

"앞이 안 보이면 할 수 있는 게 많지 않을 텐데…."

"이 아이는 살아가면서 얼마나 많은 벽을 만나게 될까?"

그러나 그는 어둠 속에서 세상을 느끼는 법을 배웠다. 그에게 세상을 보여주는 것은 '소리'였다. 어머니의 따뜻한 목소리, 사람들이 웃는 소리, 빗방울이 창을 두드리는 소리… 그는 듣는 것만으로 세상을 그릴 수 있었다.

어느 날, 그가 피아노 앞에 앉아 건반을 조심스럽게 눌렀다. 눈으로 볼 순 없었지만, 손끝으로 음을 기억하고, 귀로 멜로디를 익

---

26 김상운, 『왓칭 2: 당신이 보는 것이 당신을 결정한다』, 정신세계사, 2016.

혔다.

"넌 앞이 안 보이잖아. 음악을 하기는 힘들 거야."

사람들은 그에게 포기하라고 말했다. 하지만 그는 들리지 않는 척했다. 그는 연습을 멈추지 않았고, 머릿속에서는 이미 완벽한 선율을 그려나가고 있었다. 그는 어둠 속에서 가장 빛나는 음악을 만들어 냈다. 바로 스티비 원더Stevie Wonder의 이야기다.[27]

스티비 원더는 〈I just called to say I love you〉라는 곡으로 세계적인 가수가 되었고, 그래미상을 25회나 수상했다. 또한 미국 의회 도서관에서 수여하는 거슈윈상Gershwin Prize for Popular Song을 받았으며, 롤링 스톤 매거진이 선정한 역사상 가장 위대한 가수 100인 중 한 명으로 꼽혔다.[28]

유창수와 스티비 원더, 둘 모두 시각 장애라는 현실에 순응하며 살아갈 수도 있었다. 하지만 그들은 자신의 한계를 정하지 않았다. 정해진 운명 속에서 한계를 인정하고 멈출 수도 있었지만, 그들은 수많은 가능성 속에서 끊임없이 도전하며 자신의 길을 개척했다.

과학은 이에 대해 놀라운 해답을 제시한다. 양자역학의 미립자

---

27 Stevie Wonder, <Stevie Wonder: A Musical Guide to the Classic Albums>, Hal Leonard Corporation, 2010

28 데이비드 체비노, 『롤링 스톤이 선정한 위대한 음악가 100인』, 리드리드출판, 2019

중첩 원리는 우리가 어떻게 수많은 가능성 속에서 원하는 현실을 선택할 수 있는지를 설명해 준다.

양자역학이란?

우리는 매일 눈에 보이는 세상 속에서 살아간다. 공을 던지면 포물선을 그리며 날아가고, 사과는 나무에서 떨어지면 수직 낙하한다. 물리학은 이런 현상을 연구하는 학문이다. 하지만 우리가 보지 못하는 더 작은 세계, 즉 원자보다 작은 입자들이 어떻게 움직이는지를 연구하는 물리학이 있으니, 그것이 바로 양자역학Quantum Mechanics이다.

물리학은 크게 두 분야로 나뉜다. 하나는 고전역학Classical Mechanics이다. 예를 들면, 공을 던지거나 자동차를 움직일 때 적용되는 물리 법칙을 연구하는 분야다. 대표적인 과학자로 아이작 뉴턴Isaac Newton이 있다. 사과가 땅으로 떨어지는 이유인 만유인력의 법칙을 발견한 과학자다. 하지만 아주 작은 세계에서는 뉴턴의 법칙이 통하지 않는다.

다른 하나는 양자역학Quantum Mechanics이다. 양자역학은 원자보다 작은 세계, 즉 미립자Quantum Particle, 일반적으로 매우 작은 입자를 뜻하는 포괄적 용어가 따르는 법칙을 연구하는 학문이다. 미립자는 우리 눈에 보이는 거시 세계와는 전혀 다른 방식으로 작동한다.

예를 들어, 우리가 오렌지 주스를 마신다고 생각해 보자. 오렌지를 짜면 작은 과즙과 물 분자로 이루어진 주스가 된다. 물 분자 H_2O를 더 작게 쪼개면 수소 원자H 두 개와 산소 원자O 한 개가 남는다. 그렇다면 원자를 더 쪼개면? 원자의 중심에는 원자핵이 있고, 그 주위를 전자가 빙글빙글 돌고 있다. 원자핵은 다시 양성자와 중성자로 나뉘고, 양성자와 중성자는 '쿼크Quark'라는 작은 입자로 구성되어 있다.[29]

즉, 스마트폰, 옷, 우리의 몸 모두 미립자로 이루어져 있다. 우리 눈에는 보이지 않지만 실재하는 미립자들이 기존 물리학에서 말하는 원리와는 전혀 다른 방식으로 움직인다는 사실이 밝혀지면서, 물리학은 완전히 새로운 국면을 맞이했다. 이제 이 작은 입자들이 얼마나 이상한 움직임을 보이는지 살펴보자.

상태의 공존, 미립자 중첩

우리가 살아가는 세상은 우리가 보는 것처럼 명확할까? 농구공을 던지면 하나의 궤적을 따라 날아가고 공은 분명 특정한 위치에 떨어져 있다. 이것이 우리가 아는 세계의 법칙이다. 하지만 원자보다 작은 세계에서는 이 법칙이 완전히 다르게 작용한다.

---

29 다카하시 히로카즈, 『퀀텀 시크릿』, 알레, 2023

1920년대, 덴마크의 물리학자 닐스 보어Niels Bohr를 중심으로 한 과학자들은 기존 물리학으로 설명할 수 없는 현상들을 발견했다. 원자보다 작은 세계, 즉 미시 세계에서는 물체가 특정 위치를 갖지 않고 여러 상태로 공존할 수 있다는 것이었다. 이와 관련해 가장 널리 받아들여진 해석이 바로 코펜하겐 해석Copenhagen Interpretation이다. 이에 따르면, 미립자는 우리가 관찰하기 전까지 여러 개의 상태를 동시에 가질 수 있으며, 하나로 확정되는 것은 우리가 관찰하는 순간 이루어진다. 이를 쉽게 이해하기 위해 상자 속 공을 떠올려 보자.

여러 칸으로 나뉜 나무 상자 안에 야구공 한 개를 넣었다고 생각해 보자. 상자를 열기 전까지는 공이 정확히 어디에 있는지 모를 뿐, 공은 분명 특정한 위치에 존재한다. 상자를 열어 보면 우리가 예상한 곳에서 공을 발견할 수 있다. 이것이 우리가 일상에서 경험하는 물리 법칙이다.

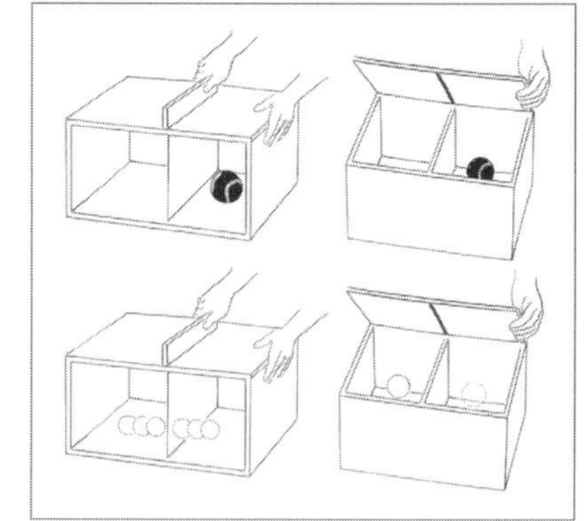

하지만 같은 상황을 미립자에 적용하면 이야기는 달라진다. 만약 미립자를 같은 상자 안에 넣는다면, 상자를 열기 전까지 전자는 왼쪽에도, 오른쪽에

도, 심지어 여러 위치에 동시에도 존재할 수 있다. 이것이 바로 양자 중첩Superposition 상태다.

이 개념이 너무 추상적으로 느껴지자, 1935년 에르빈 슈뢰딩거Erwin Schrödinger는 이를 보다 쉽게 설명하기 위해 '슈뢰딩거의 고양이 실험'이라는 사고 실험을 제시했다.

밀폐된 상자에 고양이 한 마리를 넣고, 그 안에 방사성 원소, 독극물 병, 그리고 감지 장치를 함께 넣었다. 방사성 원소는 일정한 확률로 붕괴할 수도 있고, 붕괴하지 않을 수도 있다. 감지 장치는 방사성 원소가 붕괴하면 독극물을 방출하도록 설계되어 있다.

우리가 상자를 열기 전까지는 방사성 원소가 붕괴한 상태와 붕괴하지 않은 상태가 동시에 존재하므로, 고양이도 살아 있으면서 동시에 죽어 있는 상태라는 결론이 나온다.

그러나 우리가 상자를 여는 순간, 즉 관찰하는 순간, 고양이는 살아 있거나 죽어 있는 둘 중 하나의 상태로 확정된다. 이 실험이 의미하는 바는 단순한 고양이의 생사가 아니다. 미립자의 세계에서는 관찰하기 전까지 모든 가능성이 동시에

존재하며, 관찰하는 순간 하나의 상태로 결정된다는 점을 강조한다.[30]

나에게 남은 시간 6개월

진정한 변화는 자신이 '진짜' 원하는 보물을 알아차리는 데서 시작된다. 내가 영구장해 판정을 받고 건강을 잃었을 때, 끊임없는 삶의 질문들이 무의식이라는 깊은 바다에서 떠오르기 시작했다. 예상치 못한 사고 후, 나는 변화를 두려워할 것이라 생각했지만 오히려 정반대였다. 덤으로 사는 인생이라면 타임머신을 타고 제2의 인생을 살고 있다고 생각하기로 마음을 바꾸자, 변화에 대한 갈망이 더욱 선명해졌다.

슈뢰딩거의 고양이 실험을 떠올리며 생각했다. 가능성은 항상 존재하지만, 우리가 직접 선택하고 행동하지 않는다면 우리 삶도 그저 미정의 상태로 남아 있을 뿐이다. 하지만 나는 오랫동안 닫힌 상자 속에서 망설이고 있었다. 보물을 찾아야 하지만 닻을 내린 채 먼지가 쌓이며 녹슬어 가는 보물선처럼, 월급과 안전한 삶이라는 익숙한 울타리에 갇혀 있었다.

그런 나에게 변화의 불씨를 지핀 책이 있었다. '세계에서 가장

30 가와카미 신이치, 『미래는 결정되어 있는가?』, 뉴턴코리아, 2011

실험적인 인간'이라 불리는 팀 페리스. 자기계발 분야의 대표 작가이자 투자자, 그리고 팟캐스터인 그가 쓴 저서『타이탄의 도구들』에서 나는 한 가지 강렬한 질문을 만났다. "10년 걸릴 목표를 6개월 안에 달성해야 한다면? 그렇게 요구하며 누군가가 당신의 머리에 총구를 겨누고 있다면?"[31] 이 질문을 보는 순간, 머리를 한 대 맞은 듯한 충격을 받았다.

나에게 남은 시간이 6개월뿐이라면 마지막으로 도전하고 싶은 것은 무엇일까? 스스로에게 끊임없이 질문을 던졌고, 단 하나의 답을 찾았다. 내 마지막 도전은 '무대 위의 강연가'가 되는 것이었다.

그리고 정확히 6개월 후, 나는 세상에 하나뿐인 나만의 콘텐츠를 가진 작가이자 강연가가 되어 있었다. 더 이상 한곳에 머물며 빛을 잃어가던 내가 아니었다. 진심으로 원하던 여정을 두려움 없이 걷고 있는 내가 되어 있었다.

가능성이라는 탐험의 경로

우리는 선택을 내리기 전까지 여러 개의 가능성을 동시에 품고 있다. 그러다 하나의 가능성을 선택하는 순간 비로소 그것이 현실로

---

31 팀 페리스,『타이탄의 도구들』, 토네이도, 2020

확정된다. 유창수 국어 교사와 스티비 원더의 삶은 정해진 운명이 아니라, 그들의 선택에 의해 만들어진 결과였다.

하지만 원하는 목표가 있다고 해도 그것이 명확하지 않다면, 그 가능성은 여전히 미립자의 중첩 상태에 머물러 있는 것이다. 목표를 시각적으로 구체화하고, 그 여정을 기록하기 시작하는 순간 드디어 가능성은 하나의 방향성을 갖기 시작한다. 마치 미립자가 관찰되는 순간 하나의 상태로 결정되는 것처럼 말이다.[32]

중요한 것은 단지 꿈꾸는 것이 아니라 목표를 정하고, 그 목표를 선명하게 시각화하며, 그 과정을 기록하고 점검하는 것이다. 보물섬의 탐험은 하나의 길로만 향하지 않는다. 우리는 어디로든 나아갈 수 있다. 핵심은 내가 선택한 순간, 그 길이 곧 나의 현실이 된다는 점이다.

이제, 당신은 가능성이라는 탐험의 경로 중 어떤 길을 선택할 것인가?

---

32 카를로 로벨리, 『시간은 흐르지 않는다』, 쌤앤파커스, 2019

양자역학 - II

탐험가의 시선 '관찰자 효과'

한 장의 사진이 만든 기적

적막을 깨고 총성이 울렸다. 건물은 무너지고, 거리는 불길에 휩싸였다. 공중에 피어오른 연기가 하늘을 가렸다. 사람들은 절박한 얼굴로 달렸고, 아이들의 울음소리가 곳곳에서 들려왔다. 거리는 잿더미로 변했고, 피로 얼룩진 길 위엔 희망 대신 절망이 가득했다. 그러나 혼돈의 한가운데서 한 남자만이 도망치지 않고 카메라를 들었다.

렌즈 너머 세상은 잔인했다. 무너진 건물 잔해 속에서 부모를 찾는 아이, 충격으로 쓰러진 채 움직이지 않는 사람들, 공포에 질린 얼굴들. 하지만 그는 참혹함만을 바라보지 않았다. 절망 속에서도 살아남으려는 인간의 모습을 찾았다. 폭격이 쏟아지는 와중에도 서로를 부둥켜안는 가족, 폐허 속에서도 웃으며 놀고 있는 아이들, 작은 빵 한 조각을 나누는 손길을 포착하며 셔터를 눌렀다.

그는 열네 살에 처음 카메라를 잡았다. 이란 타브리즈에서 태어나 어린 시절부터 사진에 매료되었고, 열여섯 살에는 고등학교 잡지 〈파르바즈Parvaz〉를 창간했다. 그는 사진을 찍는 데서 그치지 않고 테헤란 대학교 벽에 비밀리에 자신의 사진들을 전시했다. 사람들은 그의 사진 앞에서 발걸음을 멈췄다.

그의 사진은 예술을 넘어 사회 현실을 고발하는 시대정신을 담고 있었기에 정부는 그를 위험인물로 간주했고, 그는 스물두 살에 체포되었다. 5개월간 혹독한 고문을 당했고, 감옥에 3년 동안 갇혀 있었다. 하지만 풀려난 후에도 그는 행동을 멈추지 않았다.

1981년에는 국제 언론에 자신의 사진을 게재했다. 그리고 강제추방당했다. 그러나 카메라를 손에서 놓지 않았다. 오히려 세상이 외면하는 현실을 기록하기 위해 더 위험한 곳으로 향했다. 아프가니스탄, 르완다, 보스니아, 시리아… 그가 간 곳마다 전쟁이 있었고, 그 속에서 셔터를 눌렀다.

마침내, 한 장의 사진이 세계를 움직였다. 한 소녀가 폐허 속에서 먼지투성이 얼굴로 카메라를 응시한다. 그녀의 옷에는 피가, 눈에는 두려움과 슬픔이 가득했다. 그러나 동시에 살아남겠다는 의지도 가득했다. 그는 셔터를 눌렀다.

사진이 〈내셔널 지오그래픽〉 표지를 장식했을 때, 전 세계가 반응했다. 수백만 명이 난민 지원을 요청했고, 기부금이 몰려들었다. 한 장의 사진이 사람들의 인식을 바꾸고, 현실을 변화시켰다. 그는 단순한 사진작가가 아니었다. 세상을 바꾸는 사람이었다.

그는 바로 레자 데그하티Reza Deghati, 세계적인 전쟁 사진작가이자 인도주의 활동가다. 지난 30년 동안 그의 사진은 〈내셔널 지오그래픽〉의 표지를 장식했고, 수많은 국제 출판물에 실렸다.[33]

그는 여전히 카메라 셔터를 누른다. 우크라이나, 시리아, 아프가니스탄… 여전히 전쟁터를 누비며, 세상의 어두운 현실을 기록하고 있다. 그러나 그의 목표는 단순한 기록이 아니다. 난민 아이들에게 사진을 가르친다. 그들에게 카메라는 단순한 도구가 아니다. 세상을 바라보는 새로운 눈이다.

그는 말한다. "세상은 우리가 어떻게 바라보느냐에 따라 달라진다." 사진 한 장이 현실을 바꿀 수 있다면, 우리의 시선도 얼마든지 바뀔 수 있다. 우리는 무엇을 바라보고 있는가? 과학은 이에 대한 더 놀라운 답을 제시한다.

---

33 레자 데그하티, <War + Peace: A Photographer's Journey>, 내셔널지오그래픽, 2008

관찰하는 순간, 현실이 달라진다

과학은 우리가 보지 않는 순간 세상은 전혀 다른 모습일 수도 있다고 말한다. 1807년, 영국의 물리학자 토머스 영Thomas Young은 빛의 본질을 밝히기 위해 '이중 슬릿 실험'을 고안했다. 그는 얇은 판에 두 개의 작은 틈(슬릿)을 만들고, 뒤편에 스크린을 설치한 뒤 빛을 비추었다.

만약 빛이 작은 입자라면 두 개의 슬릿을 통과했으니 두 개의 선이 나타나야 한다. 그런데 예상과 달리 스크린에는 여러 개의 밝고 어두운 줄무늬가 반복적으로 나타났다. 빛이 파동처럼 움직이며 두 개의 슬릿을 동시에 통과하고, 서로 간섭을 일으킨 것이다.

전자에도 동일한 실험을 했더니 더욱 충격적인 결과가 나왔다. 과학자들은 전자 하나씩을 슬릿을 향해 발사했다. 전자가 입자라면 마치 작은 총알처럼 한 곳을 통과해야 한다. 하지만 실험 결과

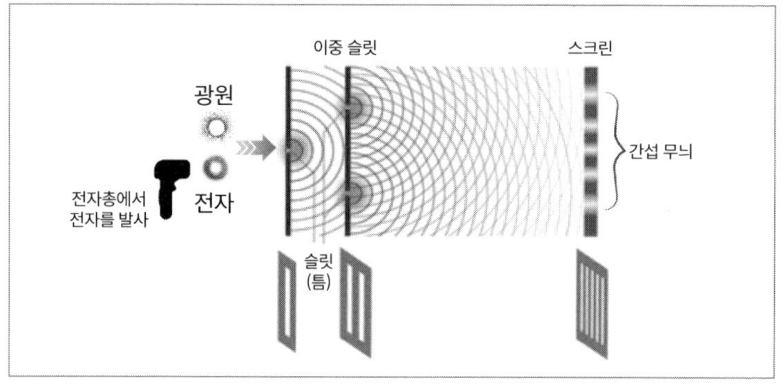

는 예상과 달랐다. 전자는 마치 동시에 여러 곳에 존재하는 것처럼 행동하며, 파동처럼 간섭무늬를 만들었다.[34]

그런데 실험에 관측 장치를 추가한 순간, 결과가 완전히 달라졌다. 전자가 어떤 슬릿을 통과하는지 확인하기 위해 과학자들이 센서를 설치하자, 전자는 더 이상 간섭무늬를 만들지 않았다. 전자는 마치 실험중임을 '알기라도 한 듯', 파동이 아니라 하나의 입자처럼 행동하며 단 하나의 경로를 선택했다.

즉, 아무도 보지 않을 때는 여러 가능성이 동시에 존재하지만, 누군가가 관찰하는 순간 단 하나의 현실로 확정된다. 이것이 바로 관찰자 효과Observer Effect다.[35]

이 개념을 쉽게 이해하려면 넷플릭스 드라마 〈오징어 게임〉의 '무궁화 꽃이 피었습니다' 게임을 떠올려 보면 된다. 참가자들은 술래가 등을 돌린 상태에서는 자유롭게 움직인다. 하지만 술래가 뒤를 돌아보는 순간, 모든 참가자는 즉시 멈춰야 한다. 움직이면 탈락이다. 그리고 술래가 등을 돌리면 다시 움직일 자유가 주어진다.

물리학에서도 비슷한 일이 일어난다. 전자는 우리가 보지 않을 때 파동처럼 퍼져 있다가, 관찰하는 순간 입자로 고정된다. 다시

---

34 다카하시 히로카즈, 『퀀텀 시크릿』, 알레, 2023

35 김상운, 『왓칭: 신이 부리는 요술』, 정신세계사, 2011

말해, 무엇을 어떻게 바라보느냐에 따라 현실이 달라진다.

옥스퍼드 대학교의 물리학자 데이비드 도이치David Deutsch는 이를 이렇게 설명했다. "우주를 구성하는 미립자는 무한한 가능성 속에 퍼져 있다가, 우리가 초점을 맞춰 바라보는 순간 현실이 된다." 독일의 물리학자 베르너 하이젠베르크Werner Heisenberg 또한 같은 원리를 설명했다. "파동 상태(가능성 영역)에서 의식이 어떤 물질이나 사건을 인식하면, 가능성이었던 그 물질이나 사건은 가능성 영역에서 물리 세계로 나간다." 결국, 우리가 어떤 가능성에 초점을 맞추느냐에 따라 우리의 현실이 달라질 수 있다는 것이다.

갑자기 갖게 된 무대 연출가의 눈

특전사로 군 생활을 하던 어느 봄날, 대학 시절부터 인연을 이어오던 교수님을 찾아뵈었다. 뮤지컬 대학부를 맡고 있던 교수님은 나를 반갑게 맞아주며 말했다.

"환이하고 작품 한번 해야 하는데, 그런 기회는 없나?"

뜻밖의 제안이었다. 뮤지컬이라니. 군대에서 그런 기회가 있을 리 없다고 생각했다. 나는 웃으며 대답했다.

"교수님, 지금 제 계급으로는 불가능할 것 같습니다."

다음 날, 점심을 먹고 나오던 중 한 선배가 불쑥 말을 꺼냈다.

"통일을 주제로 발표 대회가 있는데, 너 뮤지컬 좀 해봐라."

바로 전날 교수님과 나눈 대화가 떠올랐다. 마치 누군가 내 앞에 기회를 던져준 것만 같았다. 고민할 이유가 없었다. 바로 교수님께 전화를 걸어 상황을 설명했다. 교수님은 놀라면서도 기뻐하며 적극적으로 도와주겠다고 하셨다.

오디션을 통해 다섯 명의 무대 인원과 영상 제작팀, 연출자까지 총 열 명의 팀이 꾸려졌다. 문제는 누구도 뮤지컬을 해본 경험이 없다는 것이었다. 공연이 대본과 연기가 다가 아님을 깨닫고 나자, 무대를 제대로 만들려면 먼저 무대 연출가의 시선을 가져야 한다고 생각했다.

그때부터 무대 연출가로 변신하기 위해 관련 서적을 읽고, 교수님께 특강을 요청해 기초적인 무대 연출과 공연 기획을 배웠다. 안무 선생님을 찾아가 움직임과 동선의 의미를 익히고, 전문가들의 조언을 들으며 무대를 구성하는 법을 배우기 시작했다. 그리고 가장 중요한, 우리의 목표를 명확히 설정해야 했다.

공연이 이루어질 결승 무대의 모습을 구체적으로 상상하고, 그 장면을 보물지도에 붙였다. 팀원 모두가 그것을 보고 현실처럼 그 장면을 떠올릴 수 있도록 했다. 아직 완성되지 않은 무대였지만, 우리의 머릿속에는 점점 더 선명한 이미지가 자리 잡아갔다. 그렇게 하나하나 공연을 설계해 나갔다. 콘티를 짜고, 대본을 만들고, 안무와 영상을 구체화하며 공연의 틀이 잡혀갔다.

예선을 통과하고 본선에 진출했다. 경쟁이 있는 대회였기에 그때부터는 좀더 혁신적인 연출이 필요했다. 그리고 해답은 전혀 예상치 못한 곳에서 찾아왔다.

사실 공연에 두어 가지 문제점이 있었다. 첫 번째, 장면 전환이 문제였다. 제한 시간 15분 안에 공연을 끝내야 하는데, 장면이 바뀔 때마다 무대를 정리하느라 흐름이 끊겼다. 몰입도가 떨어졌다. 어떻게 하면 무대를 자연스럽게 이어갈 수 있을까 고민하던 어느 날 우연히 TV에서 영화 〈올드보이〉를 보게 되었다. 그리고 그 유명한 '망치 액션 신'이 눈앞에 펼쳐졌다.

그 장면은 롱테이크 기법으로 촬영된 신이었다. 카메라가 한 번도 끊기지 않고 배우의 움직임을 따라가며 자연스럽게 이어지는 방식이었다. 순간 머릿속에서 퍼즐이 맞춰졌다. 기존의 장면 전환 방식을 버리고, 무대에서도 이 기법을 적용하기로 했다.

우리는 무대에 맞춰 롱테이크 영상을 미리 제작한 뒤, 공연 중 무대 뒤 스크린에다 영상을 틀었다. 배우들은 자연스럽게 뮤지컬을 이어가는 방식으로 장면 전환을 해결했다. 기존 공연의 형식을 완전히 깨버린 새로운 연출 방식이었다.

두 번째 문제는 배우들이 노래를 부르는 3분 동안 무대 배경이 너무 허전하다는 것이었다. 조명 변화만으로는 감정이 충분히 전달되지 못했다. 몰입도를 높일 방법이 필요했다. 이번에도 해답은 예상치 못한 곳에서 찾아왔다.

주말, 가족과 함께 담양 죽녹원을 찾았다. 빽빽한 대나무 숲을 거니는데 화가가 도화지 위에 그림을 그리는 '드로잉쇼'를 펼치고 있었다. 흰 캔버스 위에 빠르게 형태가 잡히더니 색이 채워지며 하나의 작품으로 완성되는 과정을 숨죽이며 바라보았다. 그리고 이걸 무대에 적용하면 되겠단 생각이 들었다.

배우들이 노래를 부를 때, 가사에 맞춰 그림이 그려지는 장면을 연출하면 감정 전달이 극대화될 수 있을 터였다. 우리는 '디지털 드로잉 쇼'를 활용하기로 했다. 노래하는 동안, 대형 스크린에서는 콘티에 맞춰 그림이 완성되어 가는 영상이 흘러갔다. 단순한 무대 배경이 아니라, 감정을 시각적으로 확장하는 강력한 연출이 된 것이다.

무대 연출가의 눈을 가지게 되자, 세상이 전혀 다른 방식으로 보이기 시작했다. 문제라고 생각했던 것들도 해결의 실마리가 스스로 튀어나왔다. 팀원들도 점점 더 무대에 몰입했다. 목표가 명확해지고, 시각적으로 구체화되면서 공연의 완성도는 날로 높아졌다.

마침내 우리는 30개국 602개 팀이 참가한 발표 대회에서 1위를 차지했다. 우리 작품은 국군 전 장병 대상 교육 자료로 선정되어 전국에서 상영되었고, 최우수상 상금 500만 원은 폭우 피해를 입은 수재민을 위해 기부했다.

이 경험을 통해 나는 확신했다. 시각화된 목표가 있으면, 현실이 그것을 따라온다. 관찰자의 시선을 가지면, 세상이 전혀 다른 모습으로 다가온다. 무대 연출가가 된다는 것은 단순히 무대를 꾸미는 것이 아니라, 눈앞의 현실을 재창조하는 힘을 가지는 것이라는 사실을 깨닫게 되었다.

탐험가의 시선

위대한 탐험가들은 언제나 남들이 보지 못한 것을 본다. 콜럼버스는 신대륙을 발견하기 전부터 '그곳이 존재한다.'고 믿고 바라보았다. 에디슨은 전구를 발명하기 전 어둠 속에서도 빛이 존재할 것이라 확신했다.

탐험가의 시선이란, 존재하지 않는 것을 현실로 만드는 힘이다. 세상은 원래 이렇게 생겼다고 단정 짓는 사람들은 변화를 만들지 못한다. 그러나 탐험가는 '세상이 다르게 존재할 수도 있다.'는 시선을 가진다. 이 시선이 새로운 길을 개척하게 만든다.

레자 데그하티도 마찬가지였다. 그는 전쟁터에서 단순히 폭력과 파괴를 바라보지 않았다. 살아남으려는 인간의 강인함을 보았고, 폐허 속에서 피어난 희망을 포착했다. 그의 사진이 세상을 변화시키는 힘을 가질 수 있었던 이유는 그가 남들과는 다른 시선을 가졌기 때문이다.

우리가 목표를 막연하게 생각하는 순간, 그것은 여전히 미립자의 파동 상태에 머문다. 하지만 목표를 명확하게 정하고 바라보는 순간, 그것은 입자로 확정된다.

어떤 사람들은 자신이 원하는 것이 무엇인지조차 모른다. 하루하루를 흘려보내며 대단한 기회가 오기만을 기다린다. 하지만 탐험가는 다르다. 탐험가는 목표를 분명히 설정하고, 그것을 지속적으로 바라본다.

당신은 지금 어떤 시선으로 삶을 바라보고 있는가? 당신이 탐험가라면, 당신 앞에는 수많은 가능성이 펼쳐져 있다. 그리고 그 가능성을 현실로 만들기 위해선 먼저 어떤 시선을 가질 것인지 결정해야 한다. 우리의 현실은, 우리가 무엇을 바라보느냐에 따라 달라진다.

양자역학 - III

탐험가의 한계 돌파 '퀀텀 점프'와 '양자 터널'

감방 바닥의 세계 지도

시베리아의 혹독한 겨울, 매서운 눈보라가 쉼 없이 몰아쳤다. 영하 40도의 차가운 공기가 피부를 베듯 파고들었고, 강제노동수용소의 철창과 콘크리트 벽은 얼음처럼 차가웠다. 죄수들은 하루도 빠짐없이 혹독한 노동에 내몰렸고, 저녁이 되면 녹슨 철문 안 감방으로 밀려 들어갔다. 희망은 커녕 내일이 있을지조차 장담할 수 없는 곳, 모든 것이 얼어붙은 그곳에서 한 남자는 가만히 벽에 기대 서 있었다.

남자는 반역죄로 체포되어 이곳에서 10년을 보내야 했다. 남자는 매일 아침 바닥에 손가락으로 무언가를 그리고 있었다. 죄수 하나가 호기심이 일어 다가가 물었다.

"뭐 하는 거요?"

남자는 눈을 반짝이며 답했다.

"지도를 보며 여행을 떠나는 겁니다. 어제는 파리를 돌아다녔으니, 오늘은 스페인 국경을 넘을 차례네요."

감방 바닥에 희미하게 새겨진 지도. 남자는 실제로 걸어다니는 것처럼 세세한 동선을 짜고, 각 도시의 거리를 누비듯 생생하게 설명했다.

"이곳은 베네치아입니다. 곤돌라가 지나가는 수로를 따라가면, 저 멀리 리알토 다리가 보이죠."

남자의 목소리는 감방이 아닌 전혀 다른 세계를 그려냈다. 몸은 감옥에 갇혀 있지만, 정신은 담벼락과 철창을 넘어 자유롭게 여행 중이었다. 이 광경을 지켜보던 죄수는 깨달았다. '자유란 감옥 밖에 있는 것이 아니라, 마음속에 존재하는 것이구나.' 그때부터 그 자신도 현실을 초월하기로 결심했다. 그는 감옥에서 끊임없이 시를 암송했고, 떠오르는 이미지를 머릿속에 각인시켰다. 교도관들이 욕설을 퍼붓고, 동료 죄수들이 지쳐가는 와중에도, 그의 정신은 결코 억눌리지 않았다. 그는 수용소에서 겪었던 10년간의 경험을 하나하나 기억 속에 저장했다.

그리고 마침내 풀려났다. 그의 자유는 정신의 힘으로 이루어 낸 승리였다. 그는 자신이 겪었던 일들을 종이에 옮기기 시작했다.

그렇게 탄생한 책이 『수용소 군도』이다. 책은 소련의 감옥 체제를 폭로했고, 전 세계를 충격에 빠뜨렸다. 결국 그는 노벨문학상을 수상하며 전 세계에 자신의 이름을 알렸다. 그의 이름은 알렉산드르 솔제니찐Aleksandr Solzhenitsyn이었다.[36]

감옥에서 시를 암송하며 상상했던 순간들은 현실이 되었다. 그가 배운 것은 단순했다. 물리적인 장벽은 인간을 가둘 수 있어도 정신의 자유는 막을 수 없다. 과학 역시 우리에게 같은 메시지를 전달한다. 양자역학이 보여 주는 '퀀텀 점프'와 '양자 터널' 개념은 우리가 현실의 벽을 어떻게 넘어설 수 있는지를 알려준다.

준비된 순간 도약하는 변화 '퀀텀 점프'

우리는 변화가 서서히 진행된다고 생각하지만, 양자역학은 때로는 변화가 순간적으로 일어난다는 사실을 보여 준다. 이를 '퀀텀 점프Quantum Jump'라고 한다.

마치 게임 속에서 캐릭터가 순간이동하는 것처럼, 전자는 한 상태에서 다른 상태로 즉시 이동한다. 게다가 이 과정에서 중간 단계도 거치지 않는다. 전자가 일정한 에너지 상태에서 에너지가 더 높은 상태로 도약하려면 충분한 에너지가 축적되어야 하는데 그

36 알렉산드르 솔제니찐, 『수용소 군도』, 열린책들, 2020

순간이 오면 즉각적으로 이동한다.

2019년 예일대 연구진은 퀀텀 점프는 무작위로 일어나지 않고 일정한 패턴을 따른다는 사실을 발견했다. 연구진은 초전도 큐비트(superconducting qubit, 양자컴퓨터에서 정보를 저장하고 처리하는 '큐비트'를 만드는 방식 중 하나로, 초전도 회로를 이용해 구현된다)를 활용해 양자 상태(quantum state, 입자의 에너지와 특성을 나타내는 상태)를 실시간으로 관찰했다. 그 결과, 퀀텀 점프가 일어나기 직전 특정 신호가 발생한다는 것을 확인했다. 즉, 변화는 갑자기 일어나지만, 미리 감지할 수 있는 징후는 존재한다는 의미다.[37] 또한 징후를 감지하면 변화의 순간을 예측하고 조작할 수도 있다는 의미다. 미리 준비한다면 우리는 늘 원하는 방향으로 도약할 수 있는 기회를 만들 수 있는 것이다.

벽을 뛰어넘는 가능성 '양자 터널'

그렇다면 물리적 장애물이 가로막고 있을 때는 어떨까? 여기서 등장하는 개념이 '양자 터널 효과Quantum Tunneling'다.

야구공을 콘크리트 벽에 던지면 튕겨 나오지만, 빛의 작은 알갱이(광자)는 마치 벽이 없는것처럼 터널을 통과하듯 반대편에 나타

37 즐라트코 미네프 외, <비행 중 퀀텀 점프 포착 및 반전>, 네이처, 570권, 2019

난다. 마치 빛이 실험자의 생각을 읽고 벽을 지나 원하는 곳에 도달하는 듯 보이지만, 사실 이는 양자 터널 효과로 인해 빛이 벽을 '뚫고' 지나가는 현상이다. 고전 물리학적으로는 불가능하지만, 양자역학에서는 실험으로 확인된 사실이다.[38]

스위스 ETH(Eidgenössische Technische Hochschule Zürich, 스위스 연방 공과대학교) 취리히 연구진은 2021년 실험을 통해 전자뿐만 아니라 거시적 원자도 양자 터널 효과를 이용해 장애물을 통과할 수 있음을 입증했다. 이는 우리가 현실에서 마주하는 한계 역시 절대적인 것이 아니라, 새로운 방식으로 접근하면 극복할 수 있음을 시사한다. 지금까지 '넘을 수 없는 장벽'이라 여겼던 어떤 장애물도 다른 시각과 방법을 적용하면 충분히 돌파할 길이 열릴 수 있는 것이다.[39]

퀀텀 점프는 우리가 충분히 준비된 순간 한 번에 도약하는 변화를 의미하며, 양자 터널 효과는 기존의 틀을 깨고 새로운 가능성으로 나아가는 힘을 보여 준다. 두 개념 모두 현실의 한계를 돌파하는 데 필수적인 원리다. 결국, 우리의 변화 가능성은 시간과 노력에 더해 사고방식의 전환과 도약하는 용기에서 비롯된다.

---

38 이상운, 『왓칭 2: 당신이 보는 것이 당신을 결정한다』, 정신세계사, 2016

39 아르트 외, <거대 분자를 이용한 양자역학의 한계 테스트>, 네이처 피직스, 17권, 2021

걷는 것이 목표였으나, 나는 달렸다.

"현재 목표는 걸을 수 있도록 돕는 것입니다. 앞으로 뛰는 건 어렵고, 평생 불가능할 수도 있습니다."

의사의 말은 마치 법전 같았다. 단호했고, 냉정했다. 걱정과 분노가 뒤엉켜 마음을 어지럽혔다. 나는 길을 잃은 탐험가처럼 어디로 나아가야 할지 알 수 없었다. 모든 것이 흔들리고 불안했다. 하지만 혼란 속에서 분명히 느꼈다. 지금이야말로 한계를 돌파해야 할 때라는 것을.

그때 내 손에 쥐어진 책 한 권이 나침반이 되어 주었다. 빅토리아 알렌의 『나는 나를 포기하지 않는다』 그녀는 열한 살 때 희소병인 횡단척수염과 급성 파종성 뇌척수염에 걸려 4년간 식물인간 상태로 누워 있었다. 의사들은 그녀가 깨어날 가능성이 없다고 단언했다. 그러나 그녀는 기적처럼 눈을 떴고, 하반신이 마비된 몸을 안고 도전에 나섰다. 패럴림픽에서 수영 금메달을 따고, 스포츠 리포터로 활동하며 자신이 원하는 삶을 개척해 나갔다.[40]

그녀의 이야기는 여기서 끝이 아니다. 의사들이 다시는 걸을 수 없다고 했음에도 불구하고, 그녀는 걷기에 도전했다. 한 걸음씩 끝없는 연습과 도전 끝에 1년 후 실제로 걷게 되었다. 포기하지 않

---

40 빅토리아 알렌, 『나는 나를 포기하지 않는다』, 가나출판사, 2018

는다면, 불가능은 없다. 그녀가 그랬듯 나도 다시 걷고, 뛰고, 심지어 춤까지 추겠다고 다짐했다.

수술 후 6개월 만에 마침내 발목 보조기를 벗었다. 오른쪽 발목에는 여전히 복합골절로 핀들이 박혀 있었고, 엄지발가락은 수술 중 힘줄이 손상되어 굽어진 상태였다. 하지만 나는 부정적인 시선을 거두고 오직 앞으로 나아가는 일에만 집중했다. 나는 보물지도 한가운데 '10km 마라톤 완주'라는 목표를 붙이고, 한계를 돌파하기 위한 재활 운동을 시작했다.

1년 뒤, 드디어 그날이 왔다. 발목에 핀이 박힌 채 동료들과 10km 마라톤 출발선에 섰다. 이미 10km를 걸어본 경험은 있기에, 혹시라도 통증이 심해지면 걸어서라도 완주할 생각이었다. 물론 달릴 준비는 되어 있었다. 총성이 울리고, 나는 내달렸다. 거센 바람이 얼굴을 스쳤고, 발이 땅을 박차며 앞으로 나아갔다.

속도는 예전 같지 않았다. 하지만 상관없었다. 내가 다시 달리고 있다는 사실이 중요했다. 한 걸음, 또 한 걸음. 온몸이 아팠지만 멈추지 않았다. 그리고 마침내 결승선을 통과했다. 10km를 1시간 안에 완주했다. 다시는 뛸 수 없을 거라는 의사의 말과는 달리 한계를 돌파해 버렸다.

나는 더 큰 목표를 보물지도에 붙였다. 하프 마라톤, 풀 마라톤 완주, 그리고 셔플댄스. 물론 시간이 걸릴 것이다. 하지만 '퀀텀 점프'와 '양자 터널'처럼 마라톤 경기장엔 이미 한계를 뛰어넘은 사람들이 차고 넘친다. 앞이 보이지 않는 사람, 한쪽 다리로 목발을 짚고 완주하는 사람, 그들과 비교하면 나의 장해는 아무것도 아니었다.

영구장해는 나에게 걸림돌이 아니라 디딤돌이었다. 덕분에 익숙한 울타리를 벗어나 변화의 흐름 속으로 한걸음 더 깊이 들어갈 수 있었고, 보물섬의 새로운 지형을 탐험할 수 있게 되었다.

탐험가의 한계 돌파

모든 탐험가는 보물섬을 향한 여정에서 예기치 못한 시련을 만난다. 뜻하지 않은 상황이 앞을 가로막고, 더 나아가려 할수록 더 강한 저항이 밀려온다. 바로 이런 순간이야말로 퀀텀 점프와 양자 터널의 원리가 빛을 발할 때다.

탐험가가 깊은 숲에서 갑작스러운 폭우에 휘말렸다고 상상해 보자. 눈앞의 길이 흐려지고, 익숙한 지형은 흔적조차 찾기 어렵다. 정해진 경로는 이탈한 지 오래고, 방향까지 잃을 위기에 처한 순간, 그때 필요한 것이 결정적인 도약이다. 퀀텀 점프란 일정한 에너지가 축적되었을 때 더 높은 상태로 한 번에 도약하듯, 우리 역시 준비된 순간이 오면 주저하지 않고 발걸음을 옮겨야 한다.

때로는 단순한 도약만으로는 부족할 수 있다. 모든 길이 끊긴 것처럼 느껴질 때, 사실은 그 어디에도 존재하지 않았던 새로운 통로가 열릴 수 있다. 기존 경로에 대한 집착을 내려놓고, 시야를 넓히고 사고를 전환할 때, 이전에는 감지되지 않았던 가능성이 모습을 드러낸다.

보물섬에서 원하는 보물을 향해 끝까지 걸어간 사람들은 그저 시련을 견딘 이들이 아니다.상황을 재구성하고, 감춰진 출구를 발견한 사람들이다. 가장 강력한 저항이, 오히려 통과할 수 있는 문이 되기도 한다는 사실을 그들은 경험으로 안다.

우리가 현실에서 마주하는 장벽도 마찬가지다. 그것은 반드시 돌아가야 하는 장애물이 아닐 수 있다. 정면으로 돌파할 수도 있고, 때로는 예상치 못한 방향에서 문이 열리기도 한다. 중요한 것은 문을 통과할 준비가 되어 있느냐이다.

보물지도와 탐험일지는 그런 순간을 위한 도구다. 원하는 삶의 방향을 시각화하고, 그 여정을 기록하면, 변화의 순간이 왔을 때 우리는 주저하지 않고 가능성을 돌파할 수 있다. 시련의 바람을 두려워하지 마라. 그 바람이 바로 당신만의 보물로 연결되는 또 하나의 숨겨진 경로일지 모른다.

탐험가의 시간 조종기 '상대성이론'

시간은 절대적이지 않다

그는 매일 같이 특허 서류를 검토하며 지루한 하루를 보내고 있었다. 스위스 베른 특허청에서 공무원으로 일하며 기업과 발명가들이 제출한 기계 장치와 기술 특허를 분석하는 것이 그의 업무였다. 사람들은 그를 평범한 공무원으로 보았지만, 그의 머릿속에서는 전혀 다른 사고가 펼쳐지고 있었다.

그가 다루던 특허 중에는 정밀한 시계 장치, 철도 시스템의 동기화 기술, 그리고 광통신을 활용한 신호 전달 방법들이 있었다. 특히 철도 네트워크에서 각 지역의 시계를 정확히 맞추는 문제는 그에게 '모든 사람이 동일한 시간을 경험할 수 있을까?'라는 근본적인 의문을 안겨 주었다.

퇴근 후, 기차역 플랫폼에 서서 그는 한 가지 기묘한 상상을 품었다. '내가 빛의 속도로 달리는 기차를 타고 있다면, 시계의 바늘은 어떻게 움직일까?' 만약 빛의 속도로 움직이는 기차 안에서 시간을 보면 그 흐름은 지상의 시계와는 다를 것이다. 그리고 시간이 멈춘 듯한 느낌, 또는 평소보다 느리게 흐르는 체감은 단순한 환상이 아니라 우리가 경험할 수 있는 상대적 시간의 현상일지도 모른다는 생각에 빠졌다.

1905년, 그는 특수 상대성 이론을 발표하며 놀라운 결론에 도달했다. 그의 이론은 시간이 절대적인 것이 아니라, 우리가 어떻게 움직이느냐에 따라 다르게 흐른다는 점을 강조한다. 빛의 속도에 가까워지면 시간은 느려지는데, 이는 '시간 팽창Time Dilation'이라는 현상으로 입증되었다.

그의 연구는 여기서 끝나지 않았다. 1915년, 그는 일반 상대성 이론을 통해 중력이 단순한 끌림 이상의 의미를 가진다는 사실을 밝혀냈다. 그는 중력이 시공간을 휘게 만들어, 강한 중력장이 있는 곳에서는 시간이 더 느리게 흐른다는 예측을 내놓았다. 1919년, 개기일식 중에 그의 예측이 관측되며, 그의 이론은 물리학의 새로운 법칙으로 확립되었다. 그의 이름은 알베르트 아인슈타인이었다.[41]

---

41 피터 갤리슨, 『아인슈타인의 시계, 푸앵카레의 지도』, 동아시아, 2017

과학적 발견은 우주의 법칙을 설명하는 데 그치지 않는다. 시간이 절대적이지 않다면 우리의 미래 역시 고정된 것이 아닐 수 있다는 뜻이다. 어떻게 목표를 설정하고 몰입하느냐에 따라 시간의 흐름은 변화할 수 있다.

시간을 휘게 만드는 법칙

아인슈타인은 시간이 모든 사람에게 동일하게 흐르는 것이 아니라, 속도와 중력의 영향을 받으면 상대적으로 변화할 수 있다는 사실을 발견했다.

이 원리는 실험을 통해 검증되었다. 1971년 해펠-키팅 실험에서는 원자시계를 비행기에 실어 이동시켰을 때, 지상의 시계보다 시간이 느리게 흐른다는 것이 확인되었다.[42] 이는 시간이 절대적인 개념이 아니라 우리가 놓인 환경과 조건에 따라 달라질 수 있음을 보여 준다.

또한 신경과학 연구에서는 우리의 뇌가 특정 상태에서 시간을 다르게 인식할 수 있음을 밝혀냈다. 강렬한 몰입 상태에서는 주관적인 시간 감각이 변하며 같은 시간 안에서도 더 많은 경험과 성과를 만들어 낼 수 있다.

---

42 페드루 G. 페레이라, 『완벽한 이론: 일반상대성이론 100년사』, 까치, 2014

스탠퍼드 대학교 신경과학 교수 데이비드 이글먼은 저서『더 브레인』에서 극한 상황에서 시간이 느리게 흐르는 듯한 경험을 설명한다. 그는 어릴 적 지붕에서 떨어지던 순간이 꽤 길게 느껴졌지만, 실제로는 단 0.8초에 불과했다고 회고한다. 우리의 뇌는 생존을 위해 정보를 빠르게 처리할 때 체감 시간을 확장하는 능력을 발휘한다.[43]

이 현상은 극한 스포츠에서도 종종 관찰된다. 윙슈트 비행가 젭 콜리스Jeb Corliss는 시속 190km로 바위에 충돌했던 사고 순간을 떠올리며 "모든 것이 느려지더니, 마치 두 개의 사고 과정이 동시에 진행되는 것 같았다."고 말했다. 하지만 실제로 낙하산을 펼치기까지 걸린 시간은 단 6초였다.

이처럼 극한의 위기 상황에서는 시간이 느리게 흐르는 것처럼 느껴지는 현상이 자주 발생한다. 교통사고의 순간, 강도를 마주한 순간, 혹은 사랑하는 사람이 위험에 처한 상황에서도 비슷한 경험을 한 사람들이 많다. 이는 단순한 착각이 아니라, 우리의 뇌가 빠른 정보 처리를 수행하면서 시간 감각을 조정하는 생존 메커니즘이다.

흥미로운 점은 이러한 시간 왜곡 현상이 몰입Flow 상태에서도

---

43 데이비드 이글먼,『더 브레인』, 해나무, 2017

유사하게 발생한다는 것이다. 깊이 몰입할수록 우리는 같은 시간 내에서도 더 많은 성과를 내며 체감 시간이 확장된다.

하버드 대학교 심리학 연구소와 글로벌 컨설팅 기업 맥킨지가 공동으로 진행한 연구에서도, 몰입 상태에 있는 사람들이 평소보다 최대 500% 더 높은 생산성을 보인다는 사실이 밝혀졌다.[44] 즉, 몰입이 단순한 집중의 개념을 넘어, 우리가 시간을 활용하는 방식을 변화시킬 수 있음을 보여 준다.

심리학자이자 베스트셀러 작가인 벤저민 하디는 『퓨처 셀프』에서 "사람들은 현재의 자신이 아니라, 스스로 상상하는 미래의 모습에 따라 행동하며, 몰입을 통해 그 미래를 현실로 만들어간다."고 설명한다. 그는 미래의 자신을 명확하게 인식할수록 더 나은 선택을 하고 목표를 빠르게 실현할 가능성이 높아진다고 강조한다.[45] 몰입은 순간의 집중을 넘어, 원하는 미래를 설계하고 현실로 만드는 강력한 도구다.

결국, 시간을 경험하는 방식은 고정된 것이 아니며, 우리는 몰입을 통해 시간의 흐름을 조정하고 설계할 수 있다. 이를 통해 원하는 미래를 더 빠르게 현실로 만들 수 있다.

---

44 Harvard Business School & McKinsey & Co. <Flow States and Productivity: Maximizing Human Performance in the Workplace>, 2019

45 벤저민 하디, 『퓨처 셀프』, 상상스퀘어, 2023

전술 강하, 줄 꼬임에서 시작된 인생의 주마등

야간 작전 지역으로 이동하는 C-130 수송기 안. 기내는 시끄러운 엔진 소음과 작전 팀원들의 무거운 침묵으로 가득했다. 정적 속에서 각자 생각에 잠겨 있었다. 작전 임무, 주변 지형, 자신의 목숨을 단 한 가닥의 생명줄에 의존하고 뛰어내려야 한다는 현실. 이 순간, 가장 소중한 사람들의 얼굴이 스쳐 지나갔다.

엔진 소음을 뚫고 강하 준비 구령이 울렸다.

"강하 지역 10분 전! 패스 일어서! 고리 걸어! 고리줄 검사! 장비 검사! 장비 검사 보고!"

부하들은 내 명령에 따라 일어서서 각자의 안전 고리를 기체 내 줄에 걸었다. 빠르게 강하 장비를 꼼꼼히 점검한 후, 차례로 보고를 시작했다. 내 앞의 부하가 말했다.

"전 인원 강하 장비 이상 무!"

확인이 끝나자 다시 적막이 내려앉았고, 오직 엔진 소리만이 기내를 채웠다.

"강하 지역 5분 전! 몸 풀어!"

명령과 함께 부하들은 착지 시 부상을 방지하기 위해 발목과 손목을 풀었다.

"강하 지역 1분 전! 대기!"

C-130의 문 앞에 서자 부하들이 내 뒤로 밀착했다. 작전 지역

내 안전한 착륙을 위해서는 녹색 신호등이 점등되는 순간 신속히 이탈해야 한다. 나는 생명줄에 목숨을 맡긴 채 비행기 밖을 바라봤다. 상공 1,500ft. 멀리 도심의 네온사인이 반짝였다. 하지만 우리가 투입될 작전 지역은 산으로 둘러싸여 있으며, 단 하나의 불빛도 보이지 않았다.

침이 말랐다. 특수부대에서 10년간 80번이 넘는 강하를 했지만, 할 때마다 죽을 수도 있다는 불안감과 긴장감을 피할 수 없었다. 침이 바싹 마르고 식은땀이 흘렀다. 하지만 지휘관인 나는 티를 내지 않았다. 부하들이 나를 믿고 따를 수 있도록. 땀이 채 마르기도 전에 비행기 문 위 신호등이 적색에서 녹색으로 바뀌었다.

엄지를 들고 "뛰어!" 신호를 보낸 뒤, 힘차게 몸을 던졌다. 다행히 낙하산은 활짝 펼쳐졌다. 그런데 낙하산 줄이 꼬여 있었다. 즉시 다리차기로 몸을 회전시켜 줄을 풀었다. 그 순간, 뒤따라 강하한 팀원의 낙하산이 내 낙하산과 엉켜 버렸다.

낙하산 줄이 꼬인 상태로 추락하면 둘 다 생명을 장담할 수 없다. 이 상태를 '죽음의 시소'라 부른다. 말로만 듣던 상황이 현실이 되자, 주마등처럼 내 인생의 수많은 장면들이 스쳐 지나갔다.

시간을 측정할 수는 없었지만, 극한의 위기 상황에서 내 시간은 느리게 흐르는 듯했다. 생존을 위한 몰입 때문이었을까. 낙하산 줄이 더 꼬이기 직전 수없이 훈련했던 대로 몸이 반응했다. 기억은 흐릿했지만 본능적으로 "우측 당겨!"를 외치며 서로 반대 방향으로 바람을 탔다. 천만다행으로 낙하산 줄이 풀렸고, 안전하게 작전 지역에 강하할 수 있었다.

나는 생존을 위해 우뇌가 빠르게 정보를 처리하며 시간 감각을 조정하는 생존 메커니즘을 직접 체험했다. 그리고 극한의 위기 상황에서도 몰입하는 법을 배우게 되었다.

그날 이후, 강하 훈련 같은 중요한 순간이 다가오면 나는 전날 꼭 따뜻한 카페라떼를 마신다. 트라우마를 극복하기 위한 나만의 의식이다.

시간을 설계하는 도구

보물지도는 미래를 선명하게 그리는 도구이고, 탐험일지는 그 미래를 향해 몰입을 지속하게 해주는 장치다. 이 두 가지를 함께 활용하면, 아인슈타인의 상대성 이론이 보여준 것처럼 시간에 대한 우리의 체감과 경험을 바꾸고 원하는 목표에 더 빠르게 도달할 수 있다.

아인슈타인은 시간을 절대적인 것이 아니라, 관찰자의 움직임에 따라 달라지는 상대적인 개념으로 보았다. 그리고 오늘날의 신경과학과 행동과학은 말한다. 몰입과 목표 설정이 시간의 체감을 조정하는 핵심 요인이라고 말이다.

시간은 흘러가는 것이 아니다. 그것은 우리가 설계하고 조율할 수 있는 자원이다. 보물지도를 통해 목표를 시각적으로 명확히 그리고, 탐험일지를 통해 몰입의 리듬을 유지할 때, 우리는 시간의 속도를 조절하고 미래를 앞당길 수 있다.

탐험가의 시간 조종기.

이제, 당신은 그 시간을 어떻게 사용할 것인가?

보물섬 중계소 '네트워크 과학'

7,600km를 넘어선 연결의 힘

1995년, 인도의 한 작은 마을. 붉은 석양이 드리운 좁은 골목길을 따라 다섯 살 소년 사루 브리얼리가 형의 손을 꼭 붙잡고 역으로 향했다. 사람들로 붐비는 역, 기차의 기적 소리, 석탄 타는 냄새가 공기 중에 섞여 있었다.

형은 "금방 돌아올게."라고 말하곤 사라졌고, 사루는 플랫폼 한쪽에 웅크려 앉아 기다렸다. 그러나 피곤함에 눈을 감은 순간 사루의 운명은 송두리째 바뀌고 말았다.

눈을 떴을 때 형의 모습은 보이지 않았다. 당황해서 여기저기 형의 이름을 부르며 찾아다녔지만 역은 너무 크고 낯설었다. 우연히 열린 기차 문이 보였다. 형이 거기 있을지도 모른다는 희망을 품고 기차에 올랐다. 기차는 멈추지 않고 달렸다. 그렇게 사루는 고향에서 무려 7,600km 떨어진 인도 캘커타로 가버렸다.

캘커타에 내린 사루는 거리에서 몇 달을 떠돌며 살아남아야 했고, 결국 호주의 한 가정에 입양되었다. 어린 나이에 인도에서 호주까지 가버린 사루는, 안전한 삶을 얻었지만 마음 한구석에는 언제나 잃어버린 가족에 대한 그리움이 있었다.

세월이 흘러 서른 살이 된 사루는 대학원에서 인도 친구들을 만나자 잊고 있던 기억들이 떠올랐다. 그리고 가족이 여전히 자신을 찾고 있을지도 모른다는 생각에 사로잡혔다. 하지만 그 넓은 인도에서 단서 하나 없이 가족을 찾는 것은 불가능에 가까웠다. 어느 날 친구가 말했다.

"구글 어스를 활용하면 돼. 너도 어쩌면 고향을 찾을 수 있지 않을까?"

사루는 희미한 기억 속 기차역과 주변 지형을 떠올리며 하나하나 퍼즐을 맞춰나갔다. 혼자서는 벅찬 일이었다. 어느 날 자신과 비슷한 경험을 한 사람들과 연결된 온라인 네트워크를 발견했다. 수많은 사람들이 정보를 제공하며 그의 여정을 도왔다.

마침내 25년 만에 사루는 인도에서 가족과 재회했다. 이 기적 같은 실화는 영화 〈라이언Lion〉으로 제작되어 전 세계인의 마음을 울렸다.

이 이야기가 우리에게 주는 가장 큰 교훈은 무엇일까? 혼자 힘

으로는 멀리 갈 수 없지만, 연결된 힘은 기적을 만든다는 것이다.[46]

네트워크 과학

네트워크 과학Network Science은 세상에 존재하는 다양한 연결을 연구하는 학문이다. 네트워크는 노드Node, 링크Link, 허브Hub로 구성된다.

노드는 각각의 점으로 개인, 정보, 자원 같은 개별 요소를 의미한다. 링크는 노드 간의 연결로 사람들 간의 인맥, 정보 교류, 협력 관계처럼 서로를 이어주는 역할을 한다. 그리고 허브는 수많은 링크가 연결된 중심지로 영향력 있는 사람, 지식 플랫폼, 강력한 네트워크가 형성되는 곳이다.

예를 들어, 한 탐험가가 보물섬을 탐험할 때 섬 전체를 한 번에 정복하려 한다면 길을 잃거나 지쳐 쓰러질 위험이 크다. 하지만 중간중간 멈춰 쉴 수 있는 탐험 거점이 있다면 체력을 회복하고 다음 지점을 계획할 수 있다. 이 거점들을 잇는 정보 중계소가 있다면, 탐험가들은 서로의 경로와 경험을 공유하며 보다 안전하고 효율적인 길을 찾을 수 있다. 그리고 보물섬 중심부에 위치한 탐험

---

46 가스 데이비스 감독, <라이언: 집으로 가는 길>, 2016

메인센터가 탐험의 큰 그림을 조망하고 전체 흐름을 조율해 준다면 각자 흩어진 여정도 하나의 연결된 탐험으로 이어질 수 있다.

목표를 이루기 위해서는 개인의 노력만으로는 부족하다. 함께할 사람과 정보가 필요하고, 이들을 효과적으로 연결하는 시스템이 필요하다. 네트워크가 촘촘하고 강력할수록 목표 달성의 가능성도 높아진다.

최근 연구는 네트워크가 인간관계를 넘어 우리의 사고방식과 행동까지 바꾼다고 말한다. 미국 매사추세츠공과대학교MIT, Massachusetts Institute of Technology의 연구에 따르면, 성공적인 사람들의 공통점은 뛰어난 개인 능력이 아니라 강력한 네트워크를 보유하고 있다. 이는 개인적인 역량으로는 한계가 있으며, 올바른 사람들과 연결될 때 더 큰 기회를 얻을 수 있음을 보여 준다.[47]

하버드, 스탠퍼드, MIT의 공동 연구진이 링크드인Linked in 회원 2천만 명 이상의 데이터를 분석한 결과, 넓은 인맥이 직장에서의 승진이나 창업 성공률에 큰 영향을 미친다는 사실이 밝혀졌다. 다양한 사람들과의 연결이 정보와 기회를 가져다주며, 예상치 못한 순간에 중요한 역할을 할 수 있음을 시사한다.[48]

---

47 데이먼 센톨라, 『변화는 어떻게 일어나는가』, 웅진지식하우스, 2021

48 데이비드 버커스, 『친구의 친구: 인생과 커리어가 바뀌는 '약한 연결'의 힘』, 한국경제신문사, 2018

보물지도에 붙인 집, 현실이 되다

세계적인 행동 전문가 존 아사라프John Assaraf는 자신의 비전 보드에 한 채의 집 사진을 붙여 두었다. 그리고 5년 후 자기도 모르게 정확히 그 집을 구입해 살게 되었다. 진짜 사진 속 그 집이었다. 심지어 리모델링까지 해놓고도 그 사실을 까맣게 잊고 있었던 것이다.[49] 이 이야기를 처음 들었을 때 나는 솔직히 믿기지 않았다. '비전 보드로 집까지 가능하다고?' 하는 생각이 먼저 들었다.

당시 우리 가족은 전세살이를 하고 있었다. 집을 계속 사용할 수 있을지 결정할 권한조차 없는 을의 입장에서, 계약 만료가 다가올 때마다 집주인의 눈치를 봐야 했다.

한 아파트에서 2년을 살고 계약을 연장하려던 어느 날, 집주인은 갑자기 시세보다 훨씬 높은 금액을 요구했고 안 되면 3개월 안에 집을 비우라는 통보를 해왔다. 아무런 협상의 여지가 없었다.

우리 가족은 90일 만에 짐을 싸야 하는 상황에 놓였다. 아이들의 학교와 일상의 기반은 유지하면서, 동시에 새로운 보금자리를 찾아야 했다. 머릿속이 새하얘졌다. 어디서부터 시작해야 할지 막막했다. '이게 말로만 듣던 전세살이의 서러움인가' 싶었다. 그때 문득 보물지도가 떠올랐다.

---

49 존 아사라프, 『부의 해답』, 알에이치코리아, 2022

시간은 촉박했고, 치솟는 금리는 단단한 현실의 벽처럼 느껴졌다. 하지만 이런 때일수록 마음속 바람을 더욱 구체적으로 그려야 한다는 걸 알기에, 가족 전원이 원하는 집의 모습을 오감으로 생생하게 상상해 나갔다. 사거리가 보이는 종합병원 근처, 원하는 층수, 화이트톤 인테리어. 그렇게 떠올린 이미지를 보물지도에 붙이고, 가족과 함께 직접 집을 찾아다니기 시작했다.

그런데 오래 지나지 않아 믿기 힘든 일이 벌어졌다. 마치 보물지도가 길을 안내하듯, 모든 조건이 맞아떨어지기 시작했다. 치솟던 금리는 하락세로 돌아섰고, 우리가 상상했던 구조와 동일한 아파트가 갑작스레 시세보다 훨씬 저렴한 가격에 급매로 등장했다. 마치 "여기가 너희 가족이 살아갈 집이야."라고 집이 손짓하는 것만 같았다.

아내와 나는 서로 바라보며 웃었다. 이건 우연이 아니었다. 보물지도가 현실이 되는 순간이었다. 우리는 망설이지 않고 계약을 진행했고, 원하는 대로 리모델링까지 마쳤다.

그렇게 결혼 후 처음으로 집을 갖게 되었다. 이 경험을 통해 나는 목표를 단지 세우는 데서 그치는 것이 아니라, 인생의 길을 함께 걷는 동료들과 그것을 나누고, 보물지도를 함께 그리듯 같은 방향을 바라보는 시선을 맞추는 과정이야말로 현실을 바꾸는 가장 강력한 힘임을 깨달았다.

길은 혼자 만드는 것이 아니라, 함께 바라본 시선 위에 그려지는 것이다.

함께하는 탐험

탐험을 지속하려면 전략적인 연결이 필수적이다. 어디로 나아갈 것인지 분명히 설정하고, 필요한 자원을 마련하며, 뜻을 함께하는 동료들과 연결되어야 한다. 동료들과 경험과 배움을 나누면 여정은 더욱 풍부해지고, 연결의 범위도 확장된다. 효과적인 플랫폼과 연결될수록 보물에 도달하는 시간은 짧아진다.

앞에 나온 예시처럼 부부가 함께 아파트를 마련하는 목표를 보물지도에 붙인다면, 그것은 가족이라는 가장 가까운 네트워크를 활용하는 셈이 된다. 가족이 함께 목표를 시각화하고 공유할 때 연결은 더욱 촘촘하고 강력해진다. 탐험일지를 통해 함께의 과정을 기록하면, 목표를 향한 걸음은 더욱 확신에 차게 된다.

탐험은 혼자의 힘으로 완성되지 않는다. 진짜 탐험은, 함께 연결될 때 비로소 더 멀리 나아간다.

개인적인 성취를 넘어 가족과 친구, 동료와 함께 이루고자 하는 보물을 설정하고, 그 여정을 함께 시각화하며 탐험일지에 기록해 나갈 때 우리는 단지 목표를 달성하는 것을 넘어 함께 성장하는 탐험의 기적을 경험하게 된다.

불가능을 깨는 열쇠 '긍정'

빛과 어둠이 교차하는 전시장

뉴욕 현대미술관MoMA 6층에 올라가면 강렬한 대비를 이루는 두 개의 걸작이 서로 마주하고 있다. 한쪽에는 불안과 광기가 담긴 그림이, 다른 한쪽에는 용기와 확신이 깃든 조각이 자리하고 있다.

하나는 반 고흐의 〈별이 빛나는 밤〉이다. 소용돌이치는 밤하늘, 거친 붓질, 휘몰아치는 색채가 감정을 압도한다. 프랑스 생레미의 정신병원에서 창밖을 바라보며 그렸다는 이 작품은, 고요한 마을과 대조되는 격렬한 하늘로 그의 내면을 드러낸다. 그는 이 밤을 바라보며 무엇을 느꼈을까?

반대편 작품은 미켈란젤로의 〈다비드상〉이다. 정적인 듯 강렬한 에너지가 흐른다. 어깨 너머로 물맷돌을 들고, 작은 돌을 움켜쥔 다비드는 막 싸움에 나설 준비를 마친 모습이다. 두려움과 긴장이 스며 있지만, 그보다 더 강한 결연한 의지가 얼굴에 서려 있다.

같은 공간에 있지만 두 작품이 불러일으키는 감정은 정반대다. 반 고흐의 그림 앞에서는 조용한 침묵이 흐르고, 그의 고독에 공감하듯 한참을 바라보는 사람이 많다. 반면, 미켈란젤로의 조각 앞에서는 감탄이 터져 나온다. 누군가는 사진을 찍고, 누군가는 올려다보며 그의 강인한 모습에서 용기를 얻는다.

이 강렬한 차이는 어디에서 오는 것일까? 두 작품의 주제뿐만 아니라, 그것을 만든 예술가들의 삶 역시 극명하게 달랐다. 한 사람은 평생 가난과 불안 속에서 살다 스스로 생을 마감했고, 다른 한 사람은 작품을 내놓고 부와 명성을 거머쥐었다. 두 사람 모두 천재였지만, 그들의 운명을 가른 것은 타고난 재능이 아니었다. 스스로를 바라보는 태도와 끊임없이 반복한 말이 그들의 삶을 결정지었다.

1853년 네덜란드에서 태어난 빈센트 반 고흐는 태어난 순간부터 자신의 존재를 의심해야 했다. 죽은 형의 이름을 물려받았기에 생일마다 자신의 이름이 새겨진 묘비를 바라봐야 했다. 직업을 전전했지만 실패를 거듭했고, 결국 모든 것을 포기하고 그림을 그리기 시작했다. 하지만 세상은 그의 작품을 외면했다.

"나는 재능이 없는 것 같아. 나는 실패한 화가야."

그의 초기작 〈감자 먹는 사람들〉은 당대 유행하던 밝고 화려한 그림과 전혀 달랐다. 어두운 색채와 거친 필치의 그림을 본 사람들은 그의 작품을 이해하지 못했고, 그는 깊은 고립 속으로 빠져들었다.

"내 그림으로는 돈을 벌 수 없을 거야."

그 말은 현실이 되었다. 그는 생전에 단 한 점의 그림만 팔았으며, 그것도 동생 테오 덕분이었다. 경제적 어려움과 정신적 고통이 깊어지던 어느 날, 그는 자신의 작품이 팔리지 않고 동생 집에 쌓여 있는 모습을 보고 더 이상 버틸 수 없었다. 1890년, 프랑스 오베르 쉬르 우아즈에서 그는 권총을 들고 들판을 걸었다. 그리고 스스로를 향해 방아쇠를 당겼다.[51]

그가 남긴 그림들은 이후 세상의 찬사를 받았지만, 정작 그는 단 한 번도 자신의 성공을 믿지 못했다. 스스로를 실패한 화가로 정의했고, 그 믿음이 그의 운명이 되었다.

1475년, 이탈리아에서 태어난 미켈란젤로는 경제적으로 어려운 귀족 가문에서 자랐다. 어린 시절부터 학문보다 조각에 더 흥미를 가졌고, 아버지의 반대에도 불구하고 자신의 길을 택했다. 그는 대리석을 바라보며 말했다.

---

51 Naifeh, Steven & Smith, Gregory White, 『Van Gogh : The Life』, Random House Trade, 2011

"나는 대리석 속에서 이미 형상을 본다. 불필요한 부분을 깎아 낼 뿐이다."

17세에 헤라클레스 조각상을 완성하며 천재성을 인정받았고, 이후 로마에서 큐피트 조각상을 제작하며 명성을 얻었다. 24세에는 〈피에타〉를 조각해 유럽 최고의 조각가로 떠올랐다. 그는 안주하지 않았다.

"나는 세상에 존재하는 최고의 조각가다. 이제 내가 그것을 증명할 차례다."

26세, 피렌체 대성당에 방치된 거대한 대리석을 마주했을 때 대부분의 조각가는 그것을 쓸모없는 돌덩이라고 여겼다. 하지만 그는 다르게 보았다.

"모두가 불가능하다고 말한다. 하지만 나는 이미 완성된 다비드를 보고 있다."

1504년, 그는 〈다비드상〉을 완성했고, 단숨에 걸작으로 인정받았다.

이후 교황 율리우스 2세는 그에게 시스티나 성당 천장화를 의뢰했다. 조각가였던 그는 벽화 작업이 불가능하다고 생각할 수도 있었다. 그러나 그는 망설이지 않았다.

"나는 화가가 아니다. 그러나 나는 해낼 것이다."

천장에 머물며 4년 동안 그림을 그렸고, 결국 불가능을 가능으로 만들었다. 그는 살아 있는 동안 부와 명성을 거머쥐었고, 88세까지 예술을 하며 풍요로운 삶을 살았다.[52]

다시 뉴욕 MoMA의 6층 전시장. 같은 공간 속에 두 개의 걸작이 서로를 마주하고 있다. 반 고흐는 자신의 실패를 예언했고, 결국 현실이 되었다. 미켈란젤로는 자신의 성공을 확신했고, 그대로 이루어졌다. 운명을 가른 것은 타고난 재능이 아니라, 스스로에게 반복한 말이었다.

우리의 뇌는 우리가 믿는 대로 만들어진다. 긍정은 사고방식을 바꾸고, 행동을 변화시키며, 행동은 결국 우리의 운명을 조각한다. 어떤 주파수에 맞출 것인가. 어둠인가, 빛인가.

긍정을 바라보면 부정은 보이지 않는다

오른쪽 그림을 본 순간, 어떤 이미지가 먼저 보였는가? 어떤 사람은 오리를, 어떤 사람은 토끼를 본다. 같은 그림인데도 말이다. 하지만 중요한 것은, 한 번에 두 동물을 동시에 볼 수는 없다는 점

52 조 디스펜자, 『브레이킹』, 프렘, 2012

이다. 오리를 보는 순간 토끼는 사라지고, 토끼를 보는 순간 오리는 보이지 않는다.

이것이 바로 뇌과학에서 말하는 지각적 쌍안정성perceptual bistability이다. 뇌는 한순간에 두 가지 이미지를 동시에 인식할 수 없다. 한 가지 해석이 활성화되면, 다른 해석은 무의식적으로 억제된다.[53] 즉, 우리가 무엇을 선택하느냐에 따라 우리의 현실이 달라진다는 뜻이다.

정신신경면역학psychoneuroimmunology에 따르면, 생각은 뇌에 특정한 화학 반응을 일으킨다. 그럼 뇌는 화학물질을 분비하고 혈관을 통해 몸 전체로 전달한다. 긍정적인 생각은 도파민dopamine을 증가시키고, 부정적인 생각은 스트레스 반응과 관련된 펩티드peptides를 분비한다.[54] 화학물질들은 신체가 생각한 것과 동일한 감정을 실제로 느끼도록 만든다. 다시 말해, 생각이 먼저고 몸이 그에 상응하는 반응을 보이는 것이다.

같은 환경에서도 어떤 사람은 긍정적인 생각이 만들어 낸 도파민으로 행복을 느끼고, 또 다른 사람은 부정적인 사고가 유발한 스트레스 호르몬으로 불안과 좌절을 경험한다. 뇌는 단순한 정보

---

53 김상욱, 『김상욱의 양자 공부』, 사이언스북스, 2017

54 조 디스펜자, 『꿈을 이룬 사람들의 뇌』, 한언, 2009

처리 기관이 아니라 생각과 몸의 느낌을 연결하는 중재자다. 결국, 생각이 곧 현실을 결정한다.

교통사고 직후 병실에서 쓴 석사 논문

내 삶을 송두리째 흔들어 놓은 교통사고 직후, 응급 수술을 마친 나는 침대에서 몸을 일으키는 것조차 힘겨웠다. 화장실에 가는 일마저 혼자서는 불가능했고, 하루하루가 육체적 고통의 연속이었다.

하지만 진짜 문제는 따로 있었다. 당시 경영대학원 석사 과정 중이었고, 수술 후 2주 뒤에 논문 발표가 예정돼 있었다. 몸을 제대로 가눌 수 없는 상황에서 논문 발표라니. 처음엔 터무니없는 이야기처럼 느껴졌다.

부어오르는 발목, 마취 후유증으로 인한 피부 알러지, 뇌가 엘리베이터를 타고 오르락내리락하는 듯한 정신 상태까지… 모든 것이 엉망이었다. 그리고 가장 힘든 건 내 마음속에서 피어나는 두려움이었다.

누워 있으면 부정적인 생각이 마치 덩굴처럼 나를 감싸고 조여왔다. '나는 이제 끝난 걸까?' '논문은 무슨 논문, 그냥 포기해야 하는 거 아닌가?' 시간이 지날수록 절망은 깊어졌고, 희망은 멀어져만 갔다.

아무것도 하지 않고 병상에 누워 있기만 하면 더 깊은 늪으로 빠질 것 같았다. 그래서 아내에게 말했다.

"노트북 좀 사다 줘."

아내는 믿기지 않는다는 표정으로 나를 바라보았다. '이 사람이 제정신인가?' 하는 눈빛이었다. 수술 후유증으로 제대로 앉지도 못하는 사람이 논문을 쓰겠다고 하니, 황당한 것도 당연했다. 하지만 나는 알고 있었다. 이 절망 속에서 나를 구할 유일한 방법은 '할 수 있다'는 믿음으로 긍정의 주파수를 맞추는 것뿐이었다.

처음에는 불가능하다고 생각했다. 하지만 나의 보물지도에는 '석사 논문'이란 목표가 분명히 적혀 있었다. 보물이 내 손에 들어오는 순간을 떠올리자, 다시 한번 해보고 싶다는 의지가 피어올랐다. 무엇보다도 논문을 쓰는 과정이 고통을 견디는 힘이 되어줄 것 같았다. 그래서 어떻게든 가능하다고 생각하기로 마음먹었다.

논문 발표 장소는 병원에서 150km 떨어진 곳이었다. 많은 지도교수님과 관계자들이 참석하는 자리였다. 교수님께 교통사고가 났다고 말씀은 드렸지만, 자세한 이야기는 하지 않았다. 대신 나는 단호하게 말했다.

"휠체어를 타고서라도 가겠습니다."

처음엔 '무슨 이 상황에서 논문이냐.'는 생각이 들었다. 하지만 곧 생각을 바꿨다. '오히려 일하느라 논문을 쓸 시간이 부족했는데 잘됐다. 병원에서 집중해서 논문을 완성하자.'라고 생각하게 되었다. '화장실도 혼자 못 가는 사람이 150km 떨어진 발표 장소까지 어떻게 가겠어?'라는 의심도 들었다. 하지만 '아버지가 벤 택시를 하시니 이동은 문제없다. 도움을 받고 휠체어를 타고 병원 생활 중에 여행한다는 생각으로 다녀오자.'라고 생각을 전환했다.

발표장 문이 열리자 모든 시선이 나에게로 쏠렸다. 사람들이 웅성거리기 시작했고 교수님들은 깜짝 놀란 표정을 감추지 못했다. 나는 발표를 시작했다. 사람들은 숨죽여 내 말을 들었다. 그들이 내 발표 내용을 경청한 것인지, 아니면 휠체어에 앉아 있는 나의 모습을 보고 있는 것인지는 알 수 없었다. 하지만 그 순간만큼은 모든 시선이 나에게 집중되어 있었다.

발표가 끝나는 순간, 모두가 자리에서 일어나 기립 박수를 쳤다. 30년 넘게 강단에 서온 교수님들은 이토록 극적인 발표를 본 적이 없다고 했다. 그들의 박수는 단순한 격려가 아니었다. 그것은 한계를 뛰어넘으려 한 용기, 가능성을 믿고 행동한 결과에 대한 경의였다.

나는 휠체어에 앉아 교수님들의 시선을 마주했다. 그 순간 깨달았다. 이 자리에 앉아 있다는 것 자체가 이미 해냈다는 증거였다. 결국 나는 논문을 통과했고, 무사히 대학원을 졸업할 수 있었다.

불가능이라는 벽을 허무는 열쇠는 '긍정'이다. 생각을 바꾸자 불가능할 것만 같았던 일이 현실이 되었다. 내가 '할 수 없다'고 생각했다면, 이 모든 과정은 시도조차 해보지 못한 채 좌절로 끝났을 것이다. 하지만 나는 믿었다. 그리고 행동했다. 결국 우리의 인생을 결정하는 것은 '무엇이 가능한가'가 아니라 '우리가 무엇을 가능하다고 믿느냐'에 달려 있다. 나는 믿었다. 그리고 끝내 해냈다.

당신이 맞추는 주파수가 당신의 현실을 결정한다

인생에서 우리는 어떤 시각을 선택하느냐에 따라 완전히 다른 결과를 경험한다. 부정적인 시각에 머물면 세상이 불안하고 위협적으로 보이지만, 긍정적인 시각을 가지면 같은 상황에서도 기회를 발견한다.

문제는 초점을 맞추는 그쪽만 보게 된다는 점이다. 부정적인 생각에 빠지면 긍정적인 가능성을 놓치고, 긍정적인 태도를 가지면 부정적인 요소들이 힘을 잃는다. 결국, 우리는 두 가지 현실 중 하나를 선택해야 한다.

매 순간 우리는 오리를 볼지, 토끼를 볼지 선택한다. 한 번에 둘을 동시에 볼 수 없듯 긍정과 부정도 동시에 가질 수는 없다. 한쪽을 선택하는 순간, 다른 쪽은 우리의 인식에서 사라진다.

우리는 위기로 포장된 기회들과 만난다. 이를 알아보려면 긍정의 주파수에 맞춰야 한다. 그래야 위기 속에서도 기회를 발견할 수 있다. 당신은 지금, 어디에 초점을 맞추고 있는가?

작심삼일을 작심백일로 만드는 '성실'

작심삼일

새해가 밝으면 누구나 한번쯤은 올해는 달라지고 싶다는 마음으로 다짐을 시작한다. 다이어트를 결심하고, 아침형 인간이 되겠다며 자명종을 새로 사고, 헬스장에 등록하거나 책상 앞에 앉아 빼곡히 계획을 세운다. 하지만 며칠만 지나면 이상하게도 열정은 희미해진다. 새벽에 눈이 떠지던 몸은 다시 늦잠에 젖어가고, 책상 위 플래너는 멈춰 버린 체크리스트와 함께 묵직해진다.

'작심(作心)'은 마음을 다잡는다는 뜻이고, '삼일(三日)'은 말 그대로 사흘이다. 마음을 먹어도 사흘밖에 가지 못한다는 이 표현은 오래전부터 우리 안에 각인된 결심 실패의 공식이기도 하다. 하지만 정말 우리는 의지가 약해서 작심삼일을 반복하는 걸까? 혹시 그보다 더 근본적인 원인이 있는 건 아닐까?

신경 생리학자들은 이 물음에 대해 "작심삼일은 의지가 아니라 호르몬 때문"이라고 말한다. 새로운 시도를 시작할 때 우리 몸은 강한 스트레스를 받는다. 이때 부신에서 아드레날린과 코티솔이 분비된다. 아드레날린은 즉각적으로 심박수를 올리고 집중력을 높이며, 코티솔은 이 상태를 일정 시간 유지시켜준다. 우리는 이런 호르몬 덕분에 결심 초기에는 평소보다 더 의욕적이고 부지런해진다. 말하자면 결심 초반의 우리는 생물학적으로 '비상모드'에 들어가 있는 것이다.

그러나 이 호르몬들의 작용은 오래가지 않는다. 특히 코티솔의 지속 작용은 평균 3일 안팎이다. 시간이 지나면 비상 동력 장치가 꺼지듯, 우리 몸도 평상시 리듬으로 돌아가려 한다. 미국 예일대 의대 생리학과의 스트레스 연구에 따르면, 코티솔은 단기 스트레스 상황에서는 집중과 행동 유지에 도움이 되지만 일정 기간 이상 지속되지 않으며 이후에는 반작용으로 무기력함을 유발한다고 한다.[55]

결국 작심삼일은 몸에서 자연스럽게 반응이 멈추는 지점이다. 이때 필요한 건 자책이 아니라 전환이다. "왜 실패했을까?"가 아

55 Yale School of Medicine, <Stress Hormone Cortisol and Behavioral Fatigue Study>, 2015

니라, "이제 진짜 시작이구나!"라는 시선의 전환. 바로 이 순간부터 성실한 반복이 필요하다.

과학이 증명한 성실의 힘

반복이 성과로 이어지기 위해서는 루틴이 필요하다. 루틴은 단순히 매일 반복하는 행동이 아니라, 우리의 삶을 효율적으로 움직이게 하는 자동화 시스템이다. 아침에 이를 닦거나 출근길에 커피를 마시는 것처럼 루틴은 뇌의 에너지를 절약해 더 중요한 결정에 집중할 수 있도록 도와준다. 하지만 루틴은 단순한 반복일 뿐이며, 구조 없이 흘러가면 쉽게 사라진다. 마치 일정 온도가 유지되지 않으면 금세 녹아 버리는 아이스크림처럼 말이다.

런던 대학교University College London 연구팀에 따르면, 새로운 행동이 습관으로 자리잡기까지 평균 66일의 반복이 필요하다고 한다.[56] 찰스 두히그는 저서 『습관의 힘』에서 이를 "신경학적 루프neural loop"라고 설명한다.[57] 의식적으로 시작한 행동이 반복될수록 신경 회로는 강화되고, 마침내 무의식의 습관으로 자리 잡는다.

하지만 습관이 만들어졌다고 해서 그것이 곧 능력이 되는 것은

56 필리파 랠리, <How are habits formed: Modelling habit formation in the real world>, European Journal of Social Psychology, 2009

57 찰스 두히그, 『습관의 힘』, 랜덤하우스, 2012

아니다. 지속적인 반복과 개선이 있어야 비로소 능력으로 전환된다. 우리 몸의 60조 개 세포 중 90%는 약 90일마다 재생된다.[58] 이는 꾸준한 실천이 정신뿐 아니라 육체에도 각인된다는 뜻이다. 제임스 클리어의 저서 『아주 작은 습관의 힘』에서는 작은 습관 하나라도 90일 동안 지속하면 신체와 뇌가 그것을 자연스럽게 받아들이고 결국 삶의 일부로 바뀐다고 설명한다.[59]

즉, 66일의 반복은 습관을 만들고, 90일의 반복은 뇌와 신체를 바꾸며, 100일의 성실한 반복은 능력이 된다.

15년간의 실천이 만들어 낸 능력

당신은 10년 넘게 꾸준히 실천해 온 일이 있는가? 단순한 습관이 아니라, 스스로를 성장시켜 온 탐험 같은 과정이. 위대한 성취는 언제나 작고 초라한 시작에서 출발한다. 스티브 잡스는 부모님의 차고에서 컴퓨터를 조립했고, J.K. 롤링은 카페 구석에서 원고를 쓰며 수십 번의 출판 거절을 견뎠다. 그들은 묵묵히 성실하게 반복하는 과정 속에서 자신만의 길을 만들었다.

나도 마찬가지였다. 보물지도와 탐험일지를 만들기 시작했을

---

58 브루스 립턴, 『당신의 주인은 DNA가 아니다』, 두레, 2014

59 제임스 클리어, 『아주 작은 습관의 힘』, 비즈니스북스, 2019

때 그것은 어디까지나 나를 위한 기록이었다. 하루 목표를 적고 작은 성취를 기록하는 메모에 불과했다. 하지만 그 메모는 1년, 5년, 10년을 거치며 내 삶의 방향을 바꾸는 도구로 성장했다.

게리 켈러와 제이 파파산의 저서 『원씽』에서는 "자신만의 '단 하나'를 찾아내고 그것을 위해 노력해야 하며, 성공의 핵심에는 '단 하나'가 자리 잡고 있다."고 말한다. 나에게 '단 하나'는 보물지도와 탐험일지라는 탐험 도구로 인생이란 보물섬을 탐험하는 것이었다.[60]

나는 이런 질문을 받은 적이 있다. "이 콘텐츠를 시작한 지 얼마나 되셨나요?" 깊이 생각할 것도 없이 자연스럽게 대답했다. "15년 동안 실천해 왔습니다." 상대는 고개를 끄덕이며 말했다. "그렇다면, 지금 당장 자료 없이도 2시간 강의가 가능하겠네요?"

그 순간 지난 15년의 여정이 머릿속을 스쳐 지나갔다. 쌓아온 수많은 기록들, 수없이 다듬고 고쳐왔던 보물지도, 때로는 길을 잃고 다시 방향을 그려야 했던 탐험의 순간들. 그 모든 과정은 단순한 메모 몇 장이 아니었다. 이제 보니, 그것은 하나의 체계적인 탐험 도구로 성장해 있었다. 나는 단 1초도 망설이지 않고 대답했다. "네, 가능합니다." 그리고 문득, 스스로에게 생각이 스쳤다. '아

---

60 게리 켈러, 제이 파파산, 『원씽』, 비즈니스북스, 2013

마도 이 콘텐츠에 대해, 세계 누구보다도 깊이 고민해 온 사람이 바로 나일지도 모르겠다.'

나는 오랜 시간 이 길을 걸으며 매일같이 기록을 쌓아왔다. 수많은 시행착오를 겪으며 성실하게 반복한 그 시간이 나만의 콘텐츠가 되었고, 이제는 그 결과가 한 권의 종이책으로 세상에 나오게 되었다. 성실한 반복은 결국 나에게 '능력'이라는 보물을 선물해 주었다.

성실이 능력으로 변하는 순간

물을 가열하면 1도에서 99도까지는 뜨거워질 뿐이다. 마지막 1도를 더하면 100도가 되면서 물이 끓는다. 질적인 변화의 순간이다.

요리를 해본 사람이라면 이 차이를 실감할 것이다. 찬물에 라면을 넣어봤자 아무 일도 일어나지 않는다. 70~80도가 되어야 국물 맛이 조금씩 우러나고 면도 익는다. 하지만 제대로 된 라면을 먹으려면 물이 팔팔 끓어야 한다. 99도에서 멈춘다면 절대 완성되지 않는다. 마지막 1도가 차이를 만든다.

원하는 목표도 66일 동안 반복하면 습관이 되고, 90일 동안 반복하면 몸과 뇌가 변하며, 100일 동안 반복하면 그것이 능력이 된다고 했지만, 대부분의 사람들은 100일이 되기 전에 멈춰 버린다. 물이 끓기 직전, 가장 중요한 마지막 1도를 올리지 않은 채 말이다.

만약 당신도 99도에서 포기했었다면 이번엔 다르게 해보자. 작심삼일에서 멈추지 않고, 작심백일로 가보자. 마지막 1도를 올려 진짜 변화가 일어나는 순간을 맞이하자.

4장

길이 보이면 삶은 흔들리지 않는다

보물은 운에 맡길 수 있는 대상이 아니다.
그것은 스스로 길을 그리고,
방향을 설정하고,
그 길을 따라 실천해가는 사람에게
주어지는 결과다.

내가 그린 길

오랜 꿈과 이상을 따른 청소부

새벽안개가 케임브리지 거리를 부드럽게 감싸던 어느 날 아침, 한 청년이 수레를 밀며 벽돌길을 따라 조용히 걷고 있었다. 겉으로 보기엔 그저 도시의 거리를 청소하는 평범한 환경미화원일 뿐이었지만, 그날 청년을 바라보는 사람들의 시선은 달랐다. 한 무리의 여행객이 청년을 둘러쌌고, 누군가 청년을 가리키며 말했다.

"저 사람한테 물어보세요. 이 도시의 역사에 대해 잘 아는 분이에요."

"저기요, 혹시 이 거리 이름이 왜 '킹스 파레이드'인지 아세요?"

누군가 물었고, 청년은 조용히 수레 손잡이에서 손을 떼며 부드러운 미소와 함께 설명을 시작했다. 청년의 입에서 시대의 흐름 속에 살아 숨 쉬는 인물들과 사건, 도시를 관통해 온 정신과 문화가 한 편의 이야기처럼 자연스럽게 흘러나왔다. 사람들은 그의 말에 빠져들었고, 박수를 보냈으며, 그가 입고 있던 반사조끼와 손에 쥔 쓰레기 집게는 더 이상 '청소부'의 상징으로 보이지 않았다.

그는 스물두 살, 교사가 되고 싶다는 꿈을 품고 케임브리지로 건너온 청년이었다. 자신감과 열정으로 가득 찬 청년은 여러 학교에 지원서를 냈지만 번번이 거절당했고, 현실은 그를 거리의 환경미화원으로 이끌었다.

하지만 청년은 그 자리를 수치로 여기지 않았다. 오히려 그 환경 속에서도 자신이 사랑하는 일을 멈추지 않았다. 도시를 걷고, 역사를 배우고, 마주치는 이들에게 도시의 이야기를 전하며 청년은 자신만의 방식으로 '길 위의 교사'가 되어갔다.

쉬는 날이면 자청해서 관광 안내를 했고, 거리의 이름과 건물의 유래, 사람들의 이야기와 오래된 기억을 엮어 도시를 살아 있는 책처럼 전달했다. 직업이 청년을 규정짓지 못했고, 오히려 청년은 그 일을 통해 자신만의 목소리와 가치를 만들어갔다. 진심은 마침내 세상에 닿았다. 2009년, 청년은 영국 최고 등급 관광 안내원에게 주어지는 '블루 배지'를 수여 받았고, 케임브리지 민속박물관 관장직을 제안받았으며, 케임브리지 대학으로부터 명예 문학석사 학위까지 받게 되었다. 그의 이름은 앨런 브리검이다.

지금도 누군가 케임브리지를 찾는다면, 골목골목을 누비며 도시의 아름다움을 보존하고 널리 알리는 앨런 브리검을 만날 수 있을지도 모른다. 수레 대신 안내 책자를 들고, 쓰레기 집게 대신 이야기를 꺼내며 그는 여전히 자신이 사랑하는 도시를 가르치고 있다.[61]

새로운 탐험으로의 초대장

나는 오랫동안 곁에 두었던 낡은 파일철 하나를 꺼냈다. 그 안에는 내가 직접 시도하고 실천해 온 수십 가지의 기록이 차곡차곡 쌓여 있었다. 어떤 날은 전우들과 함께 보물지도를 그리고, 또 어떤 날은 탐험일지를 정리하며 전시회를 열었으며, 새로 오는 전우에게 파일철을 나눠주고 자신의 추억을 기록하라고 말했다.

그때는 단순한 실천이라고 생각했지만, 지금 돌아보면 그 모든 장면들이 하나로 이어지고 있었다. 내가 군에서 했던 활동들은 방향을 함께 정하고, 그 길을 기록하며 나아가는 성장의 과정이었다.

의무복무라는 제한된 구조 속에서도 사람들은 꿈을 품고 있었다. 나는 그 꿈이 사라지지 않도록 시각화하게 만들었고, 그 길을 기억으로 남기기 위해 기록하게 했다.

새로 전입 온 전우에게 파일철을 선물하며 소중한 시간을 기록

61 쉬센장, 『나쁜 감정의 법칙』, 다산초당, 2023

하라고 말했고, 반년마다 전시회를 열었다. 누군가는 사진을 붙이고 간단한 설명을 덧붙였고, 또 누군가는 훈련 속 감정을 글로 표현했다. 작은 기록들이 모여 전우들의 마음을 하나로 모았고, 그것이 조직의 흐름을 바꾸기 시작했다. 전투력 꼴찌였던 부대는 어느덧 최우수 부대로 도약했고, 전우들은 더 이상 수동적인 존재가 아닌, 자신만의 탐험일지를 가진 능동적인 주체로 바뀌어 있었다.

이 모든 과정을 지도 제작자와의 첫 상담을 앞두고 정리했다. 지금까지의 삶과 군에서의 실천을 담은 설문지와 자기소개서, 그리고 보물지도와 탐험일지에 기반한 구체적 사례를 정리한 발표자료를 준비해 전달했다. 상담하는 날 우리 사이엔 진지한 대화가 오갔다.

며칠 후 다시 만난 자리에서 지도 제작자는 내게 말했다.

"선장님, 이 콘텐츠로 프로젝트 한번 추진해보죠. 보물섬 프로젝트."

그 순간 나는 오랜 시간 준비해 온 탐험의 길이 마침내 눈앞에 열리고 있음을 느꼈다.

세 가지 보물

그 시기, 나는 보물지도에 세 가지 보물을 붙였다.

하나, 내 콘텐츠를 정식으로 런칭하는 것
둘, 책을 출간하는 것
셋, 작가 커뮤니티에서 운영진으로 활동하는 것

최고의 지도 제작자로부터 새로운 탐험의 경로에 대한 초대장을 받은 순간, 나는 더 이상 망설일 이유가 없었다. 프로세스도 강의안도 시나리오도 없었지만, 내 안에는 이미 수없이 반복해 온 실천의 기록과 언제든 꺼내 보여줄 수 있는 보물지도와 탐험일지가 있었다. 내가 준비한 것은 지식이 아니라 경험이었고, 개념이 아니라 살아 움직이는 이야기였다. 나는 그동안 배운 것을 꺼내놓기만 하면 됐다.

8개월 후, 나는 세 가지 보물을 모두 손에 넣었다. '보물섬 프로젝트'라는 이름으로 콘텐츠를 정식 런칭했고, 당신이 지금 읽고 있는 이 책은 나의 첫 번째 책이며, 운영진으로서 새로운 경로에서 협력자들과 함께 탐험을 이어가고 있다.

기회는 요란하게 오지 않는다. 조용히 그러나 분명한 방향을 따라 묵묵히 실천해 온 사람 앞에만 문을 연다. 문은 준비되지 않은 이에게는 끝내 보이지 않지만, 끝까지 방향을 잃지 않고 걸어온 이에게는 언젠가 반드시 열리게 되어 있다.

보물은 운에 맡길 수 있는 대상이 아니다. 그것은 스스로 길을 그리고, 방향을 설정하고, 그 길을 따라 실천해가는 사람에게 주어지는 결과다. 오늘 당신은 어떤 미래를 그렸는가? 어떤 하루를 기록했는가? 그 질문이 당신의 보물을 결정한다.

누군가의 박수가 없어도, 결과가 당장 보이지 않아도, 계속해서 보물지도를 그리고 탐험일지를 쓰는 사람이라면 반드시 기회의 바람이 불어온다. 예상도 못했던 시간과 장소에서 어느 날 문득, 자신이 원하던 보물을 마침내 발견하게 되는 순간과 마주하게 된다.

이 기회가 내게 찾아온 것도 결코 우연이 아니었다. 청소부 앨런이 교사의 꿈은 이루지 못했지만, 청소를 하며 숨은 역사를 배우고 길거리에서 나누며 선생님의 역할을 실천했던 것처럼, 나도 대상과 장소에 상관없이 언제나 '보물지도'와 '탐험일지'를 실천하고 남에게 전달하고 있었던 것이다.

질문으로 설계한 나만의 좌표

꼬리에 꼬리를 무는 질문

여섯 살 소년이 집 앞에서 놀다 독사에 물렸다. 급히 병원으로 옮겨졌지만, 끝내 숨을 거두었다. 사건은 마을 전체를 공포로 몰아넣었다. 코브라는 단순한 야생동물이 아닌, 생명을 위협하는 공포의 상징이 되었고, 마을 사람들은 분노와 두려움 속에서 정부의 조치를 기다렸다. 당시 인도를 통치하던 영국 총독부는 결국 행동에 나섰다.

총독부는 코브라를 잡아오면 보상금을 주겠다는 정책을 발표했다. 처음엔 효과가 있는 듯 보였다. 주민들은 앞다투어 코브라를 잡았고, 거리에서 뱀의 모습은 줄어들었다. 하지만 몇 달 뒤, 이상한 일이 벌어졌다. 오히려 코브라 수가 늘어난 것이다.

조사 결과는 충격적이었다. 일부 주민들이 코브라를 집에서 사육하며 번식시키고 있었던 것이다. 그들은 일정 수가 되면 포획한 척하며 보상금을 수령했다. 결국 정부는 정책을 폐지했지만, 그로 인해 더 많은 코브라들이 거리로 풀려났고, 정책 시행 전보다 상황은 더 악화되었다. 선의로 시작된 정책이 오히려 문제를 키운 이 사건은 '코브라 역설Cobra Paradox'로 기억된다. 1900년대 초에 벌어진 이 사건은 단순한 실수가 어떻게 예기치 않은 결과로 이어지는지를 보여주는 사례다.

반대로, 미국 워싱턴의 제퍼슨 기념관에서는 문제 해결을 위한 전혀 다른 방식의 접근이 있었다. 1990년대 중반, 기념관의 대리석 외벽이 빠르게 부식되고 있다는 보고가 접수되었고, 이를 해결하기 위해 관리팀은 원인을 추적하기 시작했다. 처음에는 단순히 비누 세척을 줄이면 되는 문제라고 판단했다. 하지만 비누 세척은 왜 빈번했을까. 비둘기 배설물이 많기 때문이었다.

새로운 질문이 나왔다. 비둘기는 왜 자주 모일까? 답은 거미가 많기 때문이었다. 거미를 먹기 위해 비둘기들이 몰려든 것이다. 그렇다면 거미는 왜 많을까? 그 이유는 불나방 때문이었다. 불나방은 야간에 기념관으로 몰려들었고, 불빛에 이끌려 밤마다 이곳을 떠돌았다. 마지막 질문에 도달했다. 불나방은 왜 몰려드는가? 그 이유는 외곽 조명을 너무 일찍 켜고 있었기 때문이었다.

결국 문제의 본질은 조명의 점등 시점이었다. 외곽 조명을 두 시간 늦게 켜는 조치 하나만으로 외벽 부식 문제는 말끔히 해결되었다. 단순해 보이는 해결책도 질문 없이는 결코 도달할 수 없다.

질문은 단순한 호기심이 아니라, 현상의 표면을 걷어내고 본질을 드러내는 도구다. "왜?"라는 단순한 질문을 다섯 번만 반복해도 문제의 뿌리에 닿을 수 있다. 이 원리는 일본 토요타의 생산 시스템에서 '5 Why 기법'으로 정리되어 널리 활용되고 있다. 반복적인 질문을 통해 우리는 불필요한 처방을 줄이고, 진짜 원인을 발견하게 된다. 이러한 질문의 힘은 타인에게만 적용되는 것이 아니다. 자신에게도 같은 방식으로 질문을 던질 수 있다. 그리고 그 질문은, 스스로를 가장 정교하게 이해하고 설계하는 시작이 된다.[62]

질문과 의문

우리는 타인에게 질문하는 일에는 익숙하지만, 정작 자기 자신에게는 질문을 거의 하지 않는다. 삶의 진짜 방향은 스스로에게 던지는 질문에서 비롯되는데 말이다. "나는 왜 이 일을 하고 있을까?", "이 선택은 나에게 어떤 의미일까?"

자신에게 질문을 자주 던지는 사람일수록 삶의 기준이 또렷하고 흔들림이 없다. 방향을 잃지 않기 때문이다.

62 이시한, 『똑똑한 사람은 어떻게 생각하고 질문하는가』, 북플레저, 2024

삶은 매일의 선택으로 구성된다. 그 선택이 두려움과 불안에서 비롯된 것이라면 삶은 계속 흔들릴 것이다. 하지만 나에게 스스로 질문하고, 내 삶의 기준과 원칙을 세워두면 선택은 더 가볍고 명확해진다. 하루하루가 정리되고, 결정이 쉬워지며, 나아가는 방향이 선명해진다.

무엇보다 질문은 내면에서 지혜를 끌어올리는 힘이다. 자신에게 던진 질문에 스스로 답해보는 과정을 통해, 우리는 지식을 넘어 통찰을 얻게 된다. 세상을 바라보는 나만의 눈이 생기고, 행동에 일관성이 생긴다.

다만, 질문과 닮아 있는 '의문'은 구분해야 한다. "나는 왜 이 모양일까?", "나는 왜 항상 안 되는 걸까?" 이런 말들은 질문처럼 보이지만, 실제로는 자기 확신을 무너뜨리는 부정적 생각이다. 질문은 방향을 열지만, 의문은 감정의 늪에 가둔다. 질문은 가능성을 열고, 의문은 우선순위를 흐리게 만든다.

세계적인 성과 향상 코치 토니 로빈스는 저서 『내 안의 잠든 거인을 깨워라』에서 이렇게 말했다. "당신이 품고 있는 질문의 수준이 당신 삶의 수준을 결정한다." 그는 넬슨 만델라에게 물었다. "감옥에서 그 긴 시간을 어떻게 견디셨습니까?" 만델라는 대답했다. "난 견딘 게 아니라, 준비하고 있었지요."[63] 질문은 견딤을 준비로 바꾸고, 고통을 의미로 바꾼다. 의문은 삶을 멈추게 하고, 질문은 삶을 설계하게 만든다. 삶의 방향을 다시 세우고 싶다면, 의문을 버리고 질문을 시작하자.

계획부터 시작하는 사람들의 치명적인 오류

평소에 자신에게 질문을 얼마나 하는가? 인생은 '묻는 자'에게만 방향을 보여준다.

우리는 살아가며 수많은 문제를 해결해야 한다. 그동안 우리는 문제 해결의 대표적인 도구로 PDCAPlan-Do-Check-Action 사이클을 배워왔다. 목표를 세우고, 실행하고, 점검하고, 수정하며 목표를 향해 나아가는 방식이다.

하지만 이 구조에는 중요한 맹점이 있다. 과연 목표를 세우기 전에, 어떤 상황에 놓여 있는지 제대로 인식하고 있는가? 자신이 무엇을 원하는지도 모른 채, 어떻게 올바른 계획을 세울 수 있을까?

진짜 문제 해결은 계획보다 '질문'에서 시작되어야 한다. 지금의 문제는 무엇인지, 왜 그런 일이 반복되는지, 나는 왜 이 상황에 머물러 있는지를 자문하며 문제에 접근Check해야 한다. 그런 다음 문제의 뿌리에 들어가 원인을 파악Action하는 탐색이 필요하다. 그

63 팀 페리스, 『타이탄의 도구들』, 토네이도, 2017

과정을 통해 비로소 실제 상황에 맞는 계획을 수립Plan할 수 있으며, 마지막으로 그 계획을 바탕으로 실행Do하며 변화가 시작된다.

이처럼 실제 문제 해결에 적합한 구조는 기존의 PDCA가 아닌 CAPD이다. 만다라차트는 문제 접근(C), 원인 파악(A), 계획 수립(P), 실행(D)의 순서로 문제를 해결한다.

예를 들어, 동물원에서 고릴라가 탈출했다면, 우선 지금의 상황을 진단하며 문제에 접근(C) 해야 한다. 다음으로 고릴라가 빠져나간 경로나 관리상의 허점을 파악(A)해야 한다. 그다음 인명 피해를 막기 위해 어떤 방식으로 대처할 것인지 계획을 수립(P)하고, 마지막으로 그 계획에 따라 실행(D)해야 한다.[64]

나는 만다라차트를 통해 이 문제 해결 방식과 마주했고, 완전히 새로운 사고의 전환을 경험했다. 기존의 PDCA가 얼마나 현실과 동떨어진 구조였는지를 실감했다.

'만다라'는 산스크리트어로 본질을 가진 것을 뜻한다. 마츠무라 야스오가 고안한 이 도구는 중심에 있는 핵심 주제를 기준으로 여덟 가지 영역을 둘러 배치하는 아홉 칸의 구조로 되어 있다. 상호 의존적이며 균형 잡힌 삶을 설계할 수 있도록 만들어진 이 차트는 삶의 모든 문제를 통합적으로 바라보게 해준다.

---

64 마츠무라 야스오, 『만다라차트 실천법』, 시사문화사, 2018

무엇보다 만다라차트는 질문으로 시작된다. 질문 없는 계획은 무모하고, 계획 없는 질문은 공허하다.

'만다라차트 64가지 인생질문' 특강에 참여한 적이 있다. 여덟

가지 영역, 64개의 질문. 각 질문에 대해 평균 1분씩 답을 써내려 갔다. 반복해서 등장하는 단어들을 체크했다. 그 단어들이 곧 무의식 속에서 반복된 패턴이자 내 삶을 이끄는 키워드였다.

질문을 통해 문제를 정리하며 문제에 접근(C)할 수 있었다. 지금 내 삶이 어디쯤 와 있는지 처음으로 명확히 바라볼 수 있었다. 나의 좌표를 지도 위에 정확히 찍어 낸 것이다. 그다음 왜 내가 그 자리에 머무르고 있는지, 어떤 생각과 습관이 나를 가로막고 있는지를 깊이 들여다보며 원인을 파악(A)했다. 그 과정을 통해 어디로 나아갈지, 무엇을 내려놓아야 할지, 어떤 루트로 탐험을 이어갈지 구체적인 계획(P)을 수립할 수 있었고, 그렇게 마련된 탐험 경로 위에서 비로소 실행(D)의 힘도 분명해졌다.

질문은 나를 되돌아보게 한다. 질문은 내 방향을 정하게 한다. 그리고 질문은 결국 나를 변화시킨다.

균형이
중요하다

쓰레기라는 운運을 줍는 백만장자

그는 경기장 어디에서나 쓰레기를 줍는다. 연습이 끝난 뒤, 경기에 들어가기 직전, 또는 타석으로 향하는 도중에도. 누구보다 먼저 도착해 스트레칭을 시작하고 가장 마지막까지 그라운드에 남아 주변을 둘러본다. 땅에 떨어진 종이컵, 바람에 굴러온 휴지 한 장도 그냥 지나치지 않는다. 오타니 쇼헤이의 이야기다.

심판에게는 항상 먼저 인사를 건네고, 동료가 실수를 해도 미소로 격려한다. 홈런을 치고 돌아온 팀원에게는 진심을 담아 하이파이브를 나누고, 삼진을 당한 뒤에도 조용히 다음 타순을 응원한다. 오타니의 모든 행동은 겸손과 절제, 그리고 철저한 자기 관리에서 비롯된다. 그리고 이 모든 태도는 고등학교 1학년 여름 고교야구(고시엔, 甲子園)에서 패배를 경험한 직후 손에 쥐었던 단 한 장의 종이에서 시작되었다.

그건 64칸으로 구성된 '만다라차트'였다. 중앙에는 "8개 구단 1순위 지명"이라는 문장이 적혀 있었다. 그리고 목표를 이루기 위해 스스로 선택한 여덟 가지 항목이 주위 칸을 둘렀다. '구속', '구위', '제구', '변화구', '멘탈', '인격', '몸 만들기', 그리고 '운(運)'.

중앙의 "8개 구단 1순위 지명"이라는 계획(P)은 어디서 왔을까? 처음부터 세울 수 있었을까? 절대로 한순간에 탄생한 것이 아니다. 꺾이지 않는 참의지로부터 나온 계획이었다. 참의지란 남들이 시켜서는 생길 수 없다. 스스로 오랜 시간 다잡은 의지를 참의지라 한다. 그럼 오타니의 참의지는 어디서 나왔을까?

오타니의 가정사와 성장사를 살펴보자. 부유하진 않아도 성실한 가정에서 성장했다. 부모는 헌신하며 정성으로 아이들을 지원했고, 오타니는 그 사랑을 감사히 여기며 효도하고 싶다고 생각했다. 오타니는 집안 형편에서 오는 한계를 극복하고, 어떻게 배우고 익혀 최고의 선수가 될 수 있을지 고민하다 혼자서는 부족하다는 것을 깨달았고, 독서를 접하며 책을 엄청나게 읽었다. 오타니는 가장 편안한 공간에서 책을 읽으며 사고를 정리했고, "욕조에서 책 읽는 순간이 가장 행복하다."고 말할 만큼 몰입의 순간을 즐겼다.

오타니는 현재를 진단하는 질문을 던지며 문제에 접근(C)했다.

문제를 파악하자 이면에 숨어 있는 근본 원인을 파악(A)하기 위해 책을 읽고 사유하며 자신의 철학을 세워갔다. 그렇게 스스로에 대한 이해가 깊어지자, 그는 비로소 성장을 위한 계획(P)을 세울 수 있었고, 작은 실천이라도 꾸준히 이어가며 실행(D)에 옮겨갔다.

결과는 어떻게 됐을까? "8개 구단 1순위 지명" 목표를 이루었을까? 아쉽지만 아니다. 고교 졸업을 앞둔 시점 미국 메이저리그MLB 진출을 선언해 일본 야구계 구단들이 아무도 오타니를 1순위로 지명하지 않았다. 또한 다른 구단은 모두 오타니를 투수로 키우려 했지만, 단 1개 구단(닛폰햄 파이터스)의 감독만이 투타 겸업이라는 매우 드문 포지션을 제시했고, 오타니는 이 제안을 받아들여 일본 프로 생활을 시작했다.

그렇게 시작된 프로 1년 차, 오타니는 평범한 성적을 거두었고 언론으로부터 "투수나 제대로 하라."는 비아냥을 들었다. 하지만 오타니는 자신의 참의지를 따라 계획을 묵묵히 실천했고, 2년 차에는 일본 프로야구 역사상 처음으로 '두 자릿수 홈런'과 '두 자릿수 승리'를 동시에 기록하며 주목받는 유망주가 되었다.

이후 오타니는 실제로 미국 메이저리그MLB에 진출했고, 2021년 아메리칸 리그 MVP를 수상했다. 2023년에는 메이저리그 역사상 최초로 투수로는 두 자릿수 승리, 타자로는 40홈런을 동시에 달성했다. WBC에서는 일본 대표팀의 주장으로 팀을 우승으로 이끌며 대회 MVP에 올랐다. 2024년에도 그는 리그 최고의 타점과 홈런 성적을 기록하며 야구계의 신화로 자리매김했다.

오타니는 균형 있는 인생 성장의 표본이라 할 수 있다. 오타니는 LA 다저스와 10년간 7억 달러(약 9200억 원)의 계약을 맺었는데, 이는 세계 스포츠 역사상 최대 규모다. 오타니는 연봉 대부분을 10년 후에 받는 조건으로 팀 전력 강화에 도움을 주는 등 팀을 위한 배려를 잊지 않았다. 또한 오타니는 사회적으로도 의미 있는 행보를 이어가며, 아이들이 어릴 때부터 야구를 즐길 수 있도록 일본 내 약 2만 개 초등학교에 60억 원 상당의 야구 글러브를 기부했다.

오타니는 지금도 투수와 타자 연습을 모두 해야 하기에 하루 12시간 이상 훈련과 자기관리를 이어가며, 가족들 역시 오타니에게 의존하지 않고 자립을 강조하며 각자의 삶을 독립적으로 살아가고 있다. 오타니는 '운'도 스스로 만드는 것이라 믿는다. 인사하기, 쓰레기 줍기, 방 청소, 심판 존중과 같은 작고 평범한 일을 누구보다 진지하게 실천한다. 오타니는 세계적인 성공을 거두었지만, 인생의 어느 한쪽으로도 기울지 않은 균형 있는 삶을 유지하고 있다.

만다라차트 90일 인생 설계 전략

오타니 쇼헤이가 삶 전체에서 실천한 만다라차트는 단순한 목표

관리표가 아니라, 삶을 설계하고 문제를 해결하는 데 필요한 사고의 도구이자 균형 있는 인생 성장을 만들 수 있는 도구였다. 그의 사례는 만다라차트가 인생과 비즈니스를 풍요롭고 설레게 만드는 실천 도구가 될 수 있음을 보여준다.

만다라차트는 문제 해결의 순서를 CAPD, 즉 문제 접근Check, 원인 파악Action, 계획 수립Plan, 실행Do 의 흐름으로 진행한다. 핵심은 단순한 계획표가 아니라, 삶의 전반을 진단하고 설계하는 질문 기반의 사고 도구라는 점이다.

출발점은 언제나 문제 접근(C)과 원인 파악(A)에 있다. 이를 위해 우리는 자신의 인생 전체를 조망해야 한다. 만다라차트는 삶의 균형 성장을 위해 건강, 업무, 경제, 가정, 사회, 인격, 공부, 여가까지 여덟 가지 영역으로 삶을 나눈다. 중복과 누락이 없다. 말 그대로 인생 전 영역을 빠짐없이 들여다보게 만든다.

또한 만다라차트는 90일 단위로 설계한다. 1년을 네 번의 기회로 나누면, 우리는 매 분기마다 새롭게 도전할 수 있고, 주기적인 점검을 통해 더 날카롭게 성장할 수 있다. 이 짧고 강한 탐험 주기는 목표를 더욱 가깝고 현실적인 것으로 만든다. 계획은 더 이상 머릿속의 추상이 아니라, 보물지도 위에 실행으로 찍어가는 구체적인 좌표가 된다.

길이 보이면 삶은 흔들리지 않는다. 그러기 위해서는 현재 자신의 인생 좌표를 알아야 하는데, 만다라차트를 통해 인생의 초점을 전체에서 부분으로, 다시 부분에서 전체로 옮겨가는 연습을 하며 좌표를 명확하게 확인할 수 있다.

가장 먼저 만다라차트 '90일 인생 계획'을 세운다. 인생 계획은 모든 것의 기초다. 인생 계획은 당신이라는 집을 만드는 설계도다. 건축 설계도로 집 전체를 조감하듯이, 만다라차트 인생 계획을 통해 여덟 가지 영역(건강, 업무, 경제, 가정, 사회, 인격, 공부, 여가)에서 균형 있는 인생 성장이라는 목표를 조망할 수 있다.

여덟 가지 인생 영역에서 CAPD 순서로 삶을 점검하고 설계한다. 여덟 가지 영역을 채우다 보면, 채우기 쉬운 영역이 있고 어려운 영역이 있다. 평소 관심 있는 영역은 빠르고 쉽게 채우지만, 소홀했던 영역은 채우기 어렵다. 이를 통해 자연스럽게 자신의 인생 균형을 점검하고 자기 관리를 할 수 있다.

다음으로 '90일 비즈니스 계획'을 세운다. 현대인에게 일은 삶의 중심축이 되기에, 인생 계획과는 별도로 다루는 것이 필요하다. 비즈니스는 먹고사는 문제이자, 인생의 지속 가능성을 결정짓는 핵심 요소다. 그렇기에 '90일 인생 계획'에서 설정한 비즈니스 영역을 한 단계 더 구체화해 다뤄야 한다.

비즈니스 계획 역시 다양한 요인이 얽혀 있기 때문에 문제 접근부터 실행까지 전 과정을 체계화하는 만다라차트의 힘이 빛을 발한다. 비즈니스는 직장이나 조직 안의 일만을 의미하지 않는다. 예를 들어, '종이책 집필'을 목표로 삼았다면 집필에 필요한 항목들을 비즈니스 영역으로 삼을 수 있다. 전업 육아를 책임지는 부모라면, 육아를 하나의 비즈니스처럼 바라보고 성공적인 육아를 위한 여덟 가지 영역을 설정한 뒤 그에 따른 문제 분석과 실행 계획을 세울 수 있다.

나는 여기에 추가로 가운데 칸에 각 영역별 핵심 키워드를 정리하고, 우측에는 90일 인생 계획과 비즈니스 계획을 시각화했다. 이렇게 탄생한 보물 같은 목표들은 내 보물지도에 붙이고, 매일 실천Do하며 탐험 중이다.

'90일 인생 계획과 비즈니스 계획'은 인생이라는 집의 설계도다. 인생의 초점을 전체적으로 넓게 보고, 균형 있는 인생 성장과 비즈니스 목표가 조화를 이루고 있는지를 한눈에 파악할 수 있게 해준다.

다음으로 '90일 선행 계획'을 세운다.

앞서 설명한 '90일 인생 계획과 비즈니스 계획'이 설계도라면, 이제는 그것을 실제로 짓기 위한 공정표, 즉 실행의 흐름을 만들어야 한다. 아무리 멋진 설계도를 손에 쥐고 있어도, 공정표 없이 집을 지을 수는 없다.

설계도는 '이렇게 살고 싶다'는 우리의 이상과 비전을 담고 있지만 그것을 현실로 바꾸기 위해서는 언제 땅을 고르고, 언제 기둥을 세우고, 언제 지붕을 올릴지를 정하는 시간 속의 순서가 필요하다. 이 순서를 무시한 채 행동에 나서면 모든 것은 엉키기 마련이다. 집을 짓겠다고 말하고는 정작 공정표 없이 시멘트를 붓고, 벽지를 바르며, 창을 먼저 단다. 순서를 건너뛴 실행은 성급함이 되고, 성급함은 결국 구조를 무너뜨린다.

90일은 충분히 실천 가능하면서도 전체를 한눈에 조망할 수 있는 시간이다. 이 안에 주요 일정과 단계를 미리 배치하고, 예측 가능한 흐름을 만들어 놓으면 계획은 더 이상 머릿속 상상이 아니라 손에 잡히는 현실이 된다. 그리고 계획을 직접 써넣는 순간, 우리의 무의식은 그것을 실현하는 쪽으로 움직이기 시작한다.

해야 할 일을 명확히 하고 순서를 정하는 것만으로도 행동은 방향을 잡고 의지는 흔들리지 않게 된다. 시간을 선점하는 사람만이 삶을 주도할 수 있다. 단지 꿈을 그리는 사람이 아니라, 그 꿈을 실현하는 건축자가 된다.

다음은 '90일 월간 계획'을 세운다. 월간 계획은 선행 계획을 더욱 구체화한 것이다. '90일 선행 계획'에 있는 예정 사항을 옮겨 다시 기입하고, 연계해서 생기는 새로운 예정 사항도 함께 작성한다. 측정 가능한 구체적인 계획과 실행을 통해 원하는 결과를 얻기 위해 '해야 할 일'과 '하고 싶은 일'을 명확히 구분하여 작성한다.

다음은 '90일 주간 및 일간 계획'을 세운다. 만다라차트로 일주일을 생각하는 '주간 계획'은 '선행 계획'과 '월간 계획'에서 도출한 목표를 실행하는 단계다. 일주일은 중심핵이 있는 9칸의 만다라차트 구조로 구성된다. 하루하루는 독립되어 있으면서 동시에 유기적으로 연동되어 있다.

건설 현장에서 날씨나 자재 지연 같은 변수로 인해 월간 단위의 공정표만으로는 대응이 어렵듯, 실제 삶에서도 주간 및 일간 공정표는 반드시 필요하다.

'주간 계획'은 일주일의 핵심 목표를 중심에 배치하고, 그 목표를 이루기 위한 세부 실행 항목을 주변에 정리한다. 목표가 중심에 있기 때문에 뇌에 각인되고, 행동이 보다 구체화되며, 흔들림 없이 목표 달성으로 이어진다. 목표를 중심에 두는 사고 구조는 창의성과 영감을 자극하고, 예기치 못한 갈등도 사전 대비로 예방할 수 있게 한다.

일주일 동안 얻은 귀중한 정보, 아이디어, 통찰은 메모란에 기록하며, 금주 반성란을 통해 스스로 돌아보는 시간을 가진다. 일주일을 조망하는 힘이 얼마나 큰 에너지를 주는지 직접 느껴보기를 바란다. 대부분의 목표는 일주일 안에 실현 가능하다.

'일간 계획'은 주간 계획의 한 칸을 다시 만다라차트로 구성한 것이다. 하루는 우연히 찾아온 시간이 아니다. '인생 계획'과 '비즈니스 계획'이라는 설계도, '선행 계획', '월간 계획', '주간 계획'이라는 공정표 속에서 필연적으로 설계된 시간이다.

하루의 일간 목표와 주요 일정을 적고, 왼쪽에는 시간 순서대로 '활동'을, 오른쪽에는 계획을 완료했을 때 내가 얻고자 하는 결과, 즉 '이유'를 적는다. 모든 행동에는 이유가 있다. 결국 행동을 이끄는 것은 행위 자체가 아니라, 그로 인해 얻고자 하는 결과다.

하루 24시간 동안의 행동을 살펴보고 이유를 하나씩 검토해보면, 내가 지금 어떤 목표를 향해 가고 있는지 알 수 있다. 그리고 진정으로 무엇을 원하는지를 결정할 수 있을 때 비로소 시간도, 나 자신도 통제할 수 있게 된다. 그렇게 될 때 우리는 중요한 목표를 중심에 두고, 가치 있는 일에 몰입하며 후회 없는 하루를 살아갈 수 있다. 이 하루는 곧 당신 인생에서 가장 작지만 가장 결정적인 한 조각이 된다.

나는 만다라차트를 삶에서 실천하며 '보물지도'와 연결할 아이디어를 얻었다. 아홉 칸으로 사고하는 구조는 인간의 뇌가 가장 쉽게 기억하고 떠올릴 수 있는 형태이며, 중심에서 바깥으로 퍼져나가는 시각 구조는 명확하고 직관적이다.

이를 시각화한 나만의 보물지도와 연계한다면, 균형 잡힌 인생 성장을 위한 가장 강력한 도구가 될 것이라 확신했다. 그리고 확신은 곧 결심으로 이어졌다. 나는 오랫동안 한쪽으로 기울어져 있던 보물지도를 점검했고, 무게 중심이 어긋난 채 방치되어 있던 목표들을 다시 배열하기로 마음먹었다. 삶의 균형을 회복하기 위해, 더 명확한 방향성을 찾기 위해, 나는 보물지도를 다시 설계하고 업그레이드하기로 했다.

<만다라차트 90일 인생 설계 전략>

지도 업그레이드

양손으로 다섯 개의 공을 던지고 받는 게임

수술실 문이 덜컥 열리고 그날도 어김없이 긴박한 하루가 시작되었다. 보스턴 메사추세츠 종합병원, 외과의사 8년 차 수잔은 점심도 거른 채 수술 준비에 몰두하고 있었다. 익숙한 긴장, 무감각한 피로, 당연한 희생. 그렇게 그녀는 환자를 살리기 위해 또 하나의 생명을 맡을 준비를 하던 중이었다. 그런데 갑작스레 찾아온 통증이 그녀의 심장을 강타했다. 무릎이 꺾였고, 그녀는 바닥에 엎드려 양손으로 땅을 짚었다. 그 순간, 심장이 멈췄고 인생도 함께 멈췄다.

심장마비. 관상동맥 이식 수술 이후 두 달 동안 병상에 누워야 했다. 그제야 그녀는 생전 처음으로 자신을 향해 질문을 던지기 시작했다. 그동안의 삶은 무엇이었는가. 무엇을 위해 그렇게 달려

왔는가. 다람쥐 쳇바퀴처럼 돌아가던 병원 시스템, 환자의 생명을 살리면서 정작 자신은 점점 소진되어 가던 일상. 그동안 그녀의 삶엔 쉼표가 없었다. 오직 전력 질주뿐이었다.

그 무렵, 동료 의사가 들려준 짧은 이야기가 그녀 인생의 궤도를 바꾸었다. 인생은 양손으로 다섯 개의 공을 던지고 받는 게임이라는 비유였다. 다섯 개의 공이란 일, 가족, 건강, 친구, 자기 자신이다. 이 중에서 '일'이라는 공은 고무공이어서 떨어뜨려도 다시 튀어 오르지만, 나머지 네 개는 유리공이라 떨어지면 흠집이 생기거나, 금이 가거나, 아예 산산이 깨져 버린다. 하지만 대부분의 사람들은 '일'이 고무공이라는 사실을 인식하지 못한 채 공 던지기 게임을 하며 살아간다.

이 이야기는 수잔의 내면을 송두리째 흔들었다. 그녀는 결국 병원에 사직서를 냈고, 보스턴을 떠나 마사스 빈야드라는 조용한 시골 마을로 이주했다. 그곳에서 매트를 만나 결혼했고, 심장 질환이라는 위험을 감수하면서도 아들 니콜라스를 낳았다. 의료인의 삶을 완전히 포기하지는 않았지만, 이제 그녀의 삶의 무게중심은 명확히 달라져 있었다.

그러나 안타깝게도, 사람은 쉽게 이전의 방식으로 되돌아간다. 니콜라스의 첫돌을 준비하며 다시 일과 육아에 몰입하게 되었고, 건강이 보내는 경고를 잊은 채 아이를 태우고 운전하던 어느 날,

다시 심장마비가 찾아왔다. 브리지 로드에서 차는 가드레일을 들이받고 강물로 추락했고, 수잔과 그녀의 아이는 끝내 돌아오지 못했다.

이 이야기는 제임스 패터슨의 『The Diary: 니콜라스를 위한 수잔의 일기』에 기록되어 있다. 수잔은 이미 유리공의 소중함을 누구보다도 깊이 깨달았던 사람이었다. 그러나 사람은 잊는다. 회복했다고 느끼는 순간, 우리는 다시 예전의 속도로 달리기 시작한다. 유리공은 단 한 번의 실수로도 깨지지만, 고무공은 다시 튀어 오른다. 대부분은 그것을 모르고 살아간다. 유리공들이 얼마나 소중한지도 모른 채.[65]

깨져 버린 건강이란 유리공

나는 갑작스러운 교통사고로 인해 건강이라는 유리공이 산산이 부서지는 경험을 했다. 충격은 컸지만, 산산조각 난 파편들을 하나하나 이어 붙이며 복원을 시도했다. 물론 완벽한 복원은 불가능했다. 예전처럼 건강이 온전히 돌아오지 않는다는 사실을 받아들이는 데는 시간이 필요했지만, 그것을 신이 내게 건넨 멈춤의 신호, 어쩌면 선물이라 여겼다.

65 제임스 패터슨, 『The Diary』, 베텔스만, 2001

그전까지는 오직 '일'이라는 고무공 하나에만 집중하며 살아왔다. 가족, 건강, 친구, 자기 자신이라는 유리공들은 늘 뒷전이었다. 나름대로는 확신이 있었다. '일'이라는 고무공을 지키는 것이 곧 다른 모든 유리공을 위한 일이라고 믿었기 때문이다. 하지만 그 믿음은 건강이라는 유리공이 깨지고 나서야 산산이 무너졌다. 고무공은 땅에 떨어뜨려도 다시 튀어 오르지만, 유리공은 한 번 깨지면 다시는 예전으로 돌아갈 수 없다는 진실을 그제야 깨달았다.

영구장해 판정을 받고 나서, 전력질주하던 삶의 흐름은 멈춰 섰다. 처음에는 허탈했고, 막막했다. 그러나 점차 멈춤 속에서 삶을 다르게 바라보는 법을 배우기 시작했다. 전력으로만 달릴 때는 앞만 보였다. 결승선만 바라보며 살아왔다. 과정의 풍경은 무의미했고, 오로지 목표를 향한 추진력만이 중요했다. 쉼표는 없었다. 마지막 구간에선 늘 속도를 더 끌어올렸고, 그러한 삶의 태도는 직업뿐 아니라 인생 전반에 고스란히 스며 있었다.

나는 계획적인 사람이었다. 서른 살에 이미 쉰다섯 살까지의 인생 계획을 치밀하게 세워놓았다. 빈틈없는 설계 속에서 쉼표는 실패처럼 느껴졌고, 멈춤은 낙오의 다른 이름이었다. 하지만 지금은 생각이 달라졌다. 멈춘 자리에서 비로소 균형의 가치를 되새기게 되었다.

고속도로를 타고 집으로 가는 길은 언제나 250km. 어떤 날은 전속력으로 120km로 달렸고, 또 어떤 날은 중간에 휴게소에 들러 잠시 쉬기도 했다. 하지만 도착 시간은 늘 비슷했다. 잠깐 쉰다고 해서 인생이 늦어지는 것도, 덜 도달하는 것도 아니었다. 오히려 한 치 앞도 보이지 않는 질주가 우리를 더 위험하게 만든다. 쉼 없이 달리는 것이 능사가 아니다. 극단적인 속도는 균형을 무너뜨리고, 무너진 균형은 결국 우리를 파멸로 이끈다.

게리 켈러는 『원씽』에서 삶의 균형에 대해 색다른 정의를 제시한다. 그는 '균형'이라는 단어 대신 '중심 잡기'라는 표현을 사용한다.[66] 균형 잡혀 있다고 믿는 상태조차, 사실은 끊임없는 반대되는 힘이 작용하면서 아슬아슬하게 유지되는 것일 뿐이라는 것이다.

그는 외줄타기 하는 곡예사에 비유한다. 몇 센티미터 너비의 줄 위를 걷는 곡예사들은 긴 장대를 들고 좌우로 흔들며 중심을 바로 잡는다. 만약 장대가 없다면 줄을 무사히 건너는 것은 불가능하다. 수시로 조정하며 중심을 옮기는 모습, 바로 그것이 진정한 균형이며, 우리가 말하는 중심 잡기의 본질이다.

또 하나의 비유도 인상 깊다. 우리의 삶에는 두 개의 양동이가 있다고 한다. 하나는 직업적 삶의 양동이, 또 하나는 개인적 삶의 양동이다. 우리는 시간이라는 물을 이 양동이에 담아 무게를 맞춰

---

66 게리 켈러, 제이 파파산, 『원씽』, 비즈니스북스, 2013

야 한다. 어떤 시기에는 직업적 양동이에 더 많은 시간을, 또 어떤 시기에는 가족이나 자신을 위한 양동이에 더 많은 관심을 기울여야 한다. 중요한 것은 우선순위에 따라 시간을 유연하게 분배하는 것이다.

대부분은 한쪽 양동이에만 물을 채우며 살아간다. 나 역시 예외는 아니었다. 이제서야 진정한 균형이란 무게를 양쪽에 똑같이 나누는 것이 아니라, 시시각각 변하는 삶의 흐름 속에서 중심을 바로잡는 일임을 깨달았다.

균형을 찾은 보물지도

처음에는 만다라차트를 그저 목표를 정리하는 도구쯤으로 생각했다. 차트를 하나하나 채워가며 진짜 마주한 것은 '문제'였다. 지금 내 삶에서 무엇이 어긋나 있었는지, 어디서부터 균형이 무너졌는지를 똑바로 마주할 수밖에 없었다. 각 영역을 점검하며 문제에 접근했고, 왜 이런 상황이 반복되는지 스스로에게 질문하며 원인을 파악해 나갔다. 나는 오랫동안 균형 있는 인생 성장을 외면해 왔다는 사실을 인정했다.

균형을 회복하기 위한 첫 시도는 만다라차트를 '보물지도'와 연결하는 것이었다. 중심에 '나'를 놓고, 여덟 가지 삶의 영역(건강, 비즈니스, 경제, 가정, 인간관계, 성격, 배움, 여가)을 배치했다. 각 영역의 문제를 탐색하고, 해결 방법을 적으며, 하나의 시각적 지도로 표현했다.

만다라차트를 통해 탄생한 새로운 보물지도는 균형을 회복함과 동시에 나를 다방면으로 단단하게 성장시켰다. 불확실한 미지의 영역을 두려움 없이 탐험할 수 있는 기술을 익히고, 흔들림 없는 마인드를 갖춘 '베테랑 탐험가'로 나를 단련시켜주고 있다. 그리고 이제, 그 미지의 영역에 숨겨진 진짜 보물을 향해 한 걸음씩 발걸음을 옮기고 있다.

현재와 미래를 위협하는 부정적 스토리

화장실에서 다시 쓰인 인생

샌프란시스코 지하철역 화장실 한 칸. 차가운 타일 바닥 위에 한 남자가 두 살배기 아들을 품에 안고 앉아 있었다. 닫히지 않은 문 너머로는 지나는 사람들의 발소리가 들렸고, 차가운 바닥은 지친 몸을 더 무겁게 만들었다. 오늘 밤, 화장실이 그들에게 유일한 피난처였다.

원래 의료기기를 팔며 근근이 생계를 이어가던 그는 성과 없이 시간을 보내다 차량을 압류당했고, 결국 밀린 월세로 집에서 쫓겨났다. 지친 아내는 떠났고, 그는 아이와 함께 쉼터를 전전하다 오늘은 화장실 한 칸, 0.4평 남짓한 비좁고 차가운 공간에서 밤을 맞이하고 있었다.

그의 삶을 지배해온 반복된 불행의 근본 원인은 사실 내면의 부정적 시선이었다. 그는 실패할 때마다, 외면당할 때마다 같은 질문을 던졌고 늘 같은 결론에 도달했다. "나는 원래부터 안 되는 사람이다. 세상은 나를 돕지 않는다." 그가 끊임없이 되뇌었던 이 부정적인 스토리는 점차 현실을 지배했고 앞으로의 가능성마저 가려 버렸다.

이런 믿음은 유년 시절부터 차곡차곡 쌓여온 것이었다. 부모의 이혼, 어머니의 재혼, 그리고 새아버지의 폭력. 견디다 못한 어머니는 방화미수로 체포되어 수감되었고, 그는 이후 위탁가정과 보호시설을 전전했다. 따뜻한 가정보다는 생존을 택해야 했던 현실 속에서 그는 점점 자신을 '사랑받지 못하는 존재', '언제든 버려질 사람'으로 해석하기 시작했고, 그 해석은 결국 스스로를 실패로 이끄는 신념으로 굳어졌다.

어느 날, 병원 앞에서 의료기기를 팔기 위해 줄을 서 있던 그는 고급 스포츠카 한 대에 시선을 빼앗겼다. 단정한 양복 차림의 남자가 차에서 내렸고, 그의 여유로운 걸음은 주변의 분위기를 단숨에 바꿔놓았다. 그는 용기를 내 물었다.

"실례합니다. 무슨 일을 하시나요?"

짧고 단호한 대답이 돌아왔다.

"주식 중개인입니다."

그는 남자의 말투, 눈빛, 태도에서 경제적 성공을 넘어선 삶의 태도를 보았다. 그 안에는 긍정과 자신감, 그리고 자기 삶에 대한 책임감이 깃들어 있었다. 순간 그것이야말로 자신에게 필요한 것임을 직감했다. 돈도 기회도 아닌, 나 자신을 바라보는 방식. 그는 자신을 규정해온 부정적인 과거의 스토리를 바꾸어야겠다고 결심했다.

그날 밤, 화장실 바닥에서 아들을 품에 안은 그는 자신에게 물었다. "나는 왜 이렇게 살아왔는가?" 그리고 마침내 깨달았다. 아이를 지키려면 과거를 탓하며 반복하는 삶에서 벗어나야 한다는 확신이 들었다. 다짐은 삶의 방향을 바꾸는 전환점이 되었다. 그는 내면의 오래된 상처와 마주했고, 과거의 사건들을 감정이 아닌 시선으로 바라보며 그 안에서 배운 것, 성장한 흔적을 찾아나가기 시작했다.

어린 시절 겪은 폭력은 절망 속에서도 견디며 단단해질 수 있었던 밑거름이 되었고, 아버지 없이 자란 환경은 누군가를 책임지는 법을 배우게 한 시작이었다. 어머니의 부재는 외로움보다는 자립심을 키워주는 시간으로, 아내의 떠남은 자신에게 남겨진 삶의 몫을 다짐하게 만든 계기로 새롭게 해석되었다. 그는 더 이상 부정적인 과거의 스토리에 묶이지 않았다. 똑같은 사건이었지만, 해석이 달라지자 인생의 방향도 달라지기 시작했다.

그는 무급 인턴으로 월가에 입성했고, 오래지 않아 정규직으로 채용되었다. 처음 받은 월급으로 집을 구했고, 아이에게 매일 저녁을 차려주며 아버지로서의 자리를 지켰다. 출근길 지하철에서는 책을 읽었고, 퇴근 후엔 고객 흐름을 분석하며 새로운 투자 전략을 구상했다. 고통을 성장의 연료로 바꾸자, 그의 인생은 서서히 다른 궤도를 타기 시작했다.

그동안 실패라 여겼던 모든 사건들은 오히려 그를 더 단단하게 만들고 있었고, 마침내 그는 자신의 투자회사를 설립하기에 이르렀다. 한때는 화장실 바닥에서 자던 한 남자는 이제 강연과 책을 통해 전 세계 수많은 이들에게 삶의 전환점을 전하는 인물이 되었다. 그의 이름은 크리스 가드너. 이 모든 여정은 배우 윌 스미스 주연의 영화 〈행복을 찾아서〉로 제작되어, 전 세계 관객들에게 다시 시작할 수 있다는 용기와 삶의 의미를 일깨웠다.[67]

삶은 사건이 아니라 해석이다. 반복된 해석이 결국 우리의 미래를 만든다. 과거는 지울 수 없지만 사건에 부여하는 의미는 지금 이 순간 다시 쓸 수 있다. 인생은 언제든 다시 시작될 수 있고 진정한 전환은 고통의 서사를 다르게 말하기 시작하는 순간부터다. 크리스 가드너는 실패를 지운 사람이 아니라 실패를 새롭게 읽어낸 사람이었다. 그의 여정은 지금 우리 모두에게 묻고 있다. 당신의

---

67 가브리엘 무치노 감독, 윌 스미스 주연, <행복을 찾아서>, 2006

과거는 어떤 이야기로 쓰여지고 있는가?

과학이 밝힌 기억의 진실

우리는 흔히 "과거는 지나갔다."고 말한다. 그러나 뇌는 그렇지 않다. 감정이 실린 기억은 생생하게 남아 우리의 판단을 흔들고 때로는 미래를 위협하기도 한다. 이를 증명하는 세 가지 과학적 근거를 살펴보자.

2019년, 독일 뤼벡 대학교는 외상 후 스트레스 장애PTSD, Post-Traumatic Stress Disorder를 앓는 난민들을 대상으로 기억 재구성 실험을 진행했다. 참가자들은 자신의 삶을 시간 순으로 서술하며 '생애선life line' 위에 기억의 조각들을 하나하나 올렸다. 어린 시절 겪은 학대, 폭격 속에서 잃어버린 가족, 망망대해를 건너 유럽으로 넘어온 여정. 이 모든 것들을 말로 풀고, 글로 쓰고, 다시 이야기하도록 유도했다.[68]

처음엔 떨리는 목소리와 멈추는 침묵이 방을 채웠지만, 몇 주에 걸친 반복 서술과 감정 표현은 변화를 만들었다. 고통은 더 이상 피하고 싶은 상처가 아닌 '삶의 사건'으로 정리되기 시작했다.

---

68 Neuner, F. 외, <A comparison of narrative exposure therapy, supportive counseling, and psychoeducation for treating posttraumatic stress disorder in an African refugee settlement>, Journal of Consulting and Clinical Psychology, 2004

12주 후 PTSD 점수는 평균 43% 줄었고, 참가자들은 기억을 더는 피하지 않고 마주할 수 있게 되었다. 한 사람은 이렇게 말했다. "이 기억들은 한때 나를 부수던 칼날이었어요. 그런데 지금은 나를 설명해주는 문장이 되었어요."

2020년, 전 세계가 코로나 팬데믹이라는 전례 없는 위기에 빠졌을 때, 중국 광저우 의과대학은 격리 중인 시민 328명을 두 그룹으로 나누어 실험을 진행했다. 한쪽은 그대로 두고, 다른 한쪽은 2주간 '인지 재평가 훈련'을 받게 했다. 감정을 글로 적고, 새로운 언어로 해석하는 방식이었다. "나는 갇혔다."는 "멈추는 연습을 하고 있다."로, "세상이 위험하다."는 "새로운 연결 방식을 배우고 있다."로 바꾸었다. 해석을 바꾸자 불안은 38% 감소했고, 뇌 스캔에서는 감정을 조절하는 편도체의 반응이 줄고, 사고를 주관하는 전전두엽의 활동은 증가했다.[69] 같은 상황이었지만 해석이 뇌를 다르게 반응하게 만든 것이다.

2023년, 미국 국립보건원NIH, National Institutes of Health 연구에서는 외상 후 성장을 경험한 사람들의 뇌파에서 알파파가 평균 18% 증가했다는 결과가 나왔다. 알파파는 안정, 통합, 집중 상태에

---

69 Xu, C. 외, <Cognitive reappraisal and the association between perceived stress and anxiety symptoms in COVID-19 isolated people>, Frontiers in Psychiatry, 2020

서 나타나는 신호로, 그들의 고통이 사라진 것이 아니라 '의미 있는 장면'으로 뇌에 저장되었음을 의미한다. 한 참가자는 말했다. "그날을 잊은 적은 없어요. 하지만 이제는 그 기억이 저를 괴롭히는 게 아니라, 제가 살아 있다는 것을 확인시켜 주는 증거가 됐어요."[70]

이러한 연구들은 기억이 단순한 저장 정보가 아니라, 우리의 삶을 해석하고 나아가는 방식에 깊은 영향을 미친다는 사실을 보여준다. 과거를 다시 살아갈 수는 없지만, 그 의미는 다시 쓸 수 있다.

과거의 스토리를 성장의 발판으로

『시간과 심리학적 설명』 저자이자 심리학자인 브렌트 슬라이프Brent Slife는 우리는 현재 정신적 상태에 비추어 기억을 재해석하거나 재구성하며, 이런 의미에서 과거가 현재의 의미를 만드는 게 아니라 현재가 과거의 의미를 만든다고 말하며, 『퓨처 셀프』 저자이자 조직 심리학자 벤저민 하디Benjamin Hardy는 무슨 일이 일어나든 그 경험을 유익한 경험이라는 프레임으로 설정하고 교훈을 얻

70 Glazebrook, A.-J. 외, <Posttraumatic growth EEG neuromarkers: Translational neural comparisons with resilience and PTSD in trauma-exposed healthy adults>, European Journal of Psychotraumatology, 2023

는 과정을 통해 현재와 미래의 내가 지속적으로 성장하고 발전한다고 말한다.

과거의 스토리를 재해석하고 새로운 눈으로 다시 구성하라. 실패와 역경을 걸림돌이 아닌 디딤돌로 바라볼 수 있다면 과거는 더 이상 탐험을 방해하는 폭풍이 아니라 당신을 앞으로 밀어주는 바람이 될 것이다.

나는 탐험일지에 내 인생에서 가장 어두웠던 시기인 교통사고부터 영구장해 판정까지의 기록을 보관하고 있다. 한때는 지우고 싶었던 과거의 부정적인 스토리는 지금 오히려 '신이 주신 값진 선물'로 재해석되었다. 그 스토리가 없었다면 나는 작가가 되지 못했을 것이고, 나만의 콘텐츠를 만들지도, 새로운 방향에 도전하지도 못했을 것이다.

과거는 삭제할 수 없다. 그러나 그 의미는 다시 쓸 수 있다. 당신의 과거가 현재와 미래를 위협하는 그림자로 남을 것인지, 아니면 성장의 발판이 될 것인지는 오직 당신의 선택에 달려 있다. 오늘 당신의 탐험일지에 과거의 어두운 스토리를 다시 써보라. 그것이 바로 새로운 삶의 시작이다.

성실한 현재를 통과해야만 연결되는 미래

하멜른 아이 실종 사건

마을의 아이들이 한날한시에 자취를 감췄다. 부모들은 새벽녘부터 골목과 들판을 헤매며 아이들의 이름을 불렀지만 찾을 수 없었다. 평온했던 하멜른 마을에 닥친 충격적인 사건 앞에서 모두가 망연자실할 수밖에 없었다. 아이들이 사라진 그날 아침, 어른들의 가슴에는 무거운 불안과 함께 하나의 기억이 떠올랐다. 며칠 전, 한 낯선 이방인과 맺은 약속이었다.

얼마 전만 해도 마을은 쥐떼로 몸살을 앓고 있었다. 창고의 곡식은 반 토막이 났고 거리마다 악취가 진동했다. 사람들은 밤새 공포에 떨었고 아이들은 울음을 터뜨렸다. 그때 마을에 한 떠돌이 악사가 나타났다. 화려한 색의 낡은 옷을 입은 그는 자신이 피리 소리로 쥐떼를 몰아낼 수 있다며 꽤 큰 보수를 요구했다. 절박한 마을 사람들은 혹시나 하는 마음으로 그의 제안을 받아들였다. 마을 원로들과 어른들은 반드시 보수를 주겠노라 약속했다. 지금 눈앞의 재앙만 사라진다면, 그 어떤 조건도 감수하겠다는 심정이었다.

다음 날 아침, 그는 마을 한복판에서 피리를 불기 시작했다. 처음엔 별다른 일이 일어나지 않았다. 그러나 맑고 기묘한 선율이 골목마다 스며들자, 집집마다 숨어 있던 쥐들이 모습을 드러냈다. 뭐에 홀린 듯, 쥐들이 줄지어 그가 가는 방향을 따라나섰다. 사람들은 창문 너머로 숨죽인 채 그 광경을 지켜보았다. 피리 소리는 강가로 이어졌고 결국 쥐떼는 강물 속으로 사라졌다. 순식간에 마을을 괴롭히던 공포가 사라졌고 사람들은 안도의 숨을 내쉬었다.

악사는 약속한 보수를 받기 위해 마을에 남았다. 그러나 위기가 지나자 사람들의 태도는 달라졌다. 문제를 해결하고 나자 그의 요구가 탐탁지 않게 느껴졌다. 어떤 이는 처음부터 그를 믿지 않았다며 비웃었고, 누군가는 오히려 그가 쥐를 끌어들인 사기꾼일지 모른다고 수군거렸다. 결국 마을 원로들은 약속했던 금액의 일부만 쥐어주며 거래를 끝내려 했다.

순간 악사의 눈빛에 싸늘한 분노가 서렸다. 그는 한마디도 하지 않은 채, 날카로운 침묵으로 모두를 훑어보고는 마을을 떠났다. 사람들은 잠시 찜찜함을 느꼈지만 곧 일상으로 돌아갔다. 당장의 위협이 사라지자 약속은 기억 저편으로 밀려났다. 그들은 눈앞의 평온에만 안주했다.

진짜 폭풍은 그 이후에 찾아왔다. 아이들이 사라진 그날 새벽, 마을은 기묘할 정도로 고요했다. 여명이 밝아올 무렵, 다시 피리 소리가 울려 퍼졌다. 이번에는 어른들보다 아이들의 가슴이 먼저 반응했다. 아이들은 이끌리듯 문을 열고 나왔고, 꿈결처럼 피리 소리를 따라 골목길을 걸어갔다. 맨발로, 혹은 얇은 겉옷 하나 걸친 채로 작은 그림자들이 거리로 흘러나갔다. 부드러운 선율 속에 위협이 숨어 있으리라 생각한 이는 아무도 없었다. 어른들은 저마다의 아침 일에 분주했고, 아이들이 사라지는 기척조차 알아채지 못했다.

해가 완전히 떠오르고 나서야 마을은 비로소 정적 속에 갇혀 있다는 것을 깨달았다. 아이들의 웃음소리도, 말소리도 들리지 않았다. 놀이터에도, 공터에도 아이들의 모습이 보이지 않았다. 부모들은 공포에 휩싸였다. 누구랄 것 없이 거리로 달려나가 아이들을 찾기 시작했다. 그러나 돌아오는 대답은 없었다.

사건의 전말은 살아남은 한 아이를 통해 밝혀졌다. 다리를 저는 어린 소년 하나만이 피리를 따라나섰다가 뒤처져 홀로 남게 되었다. 소년이 흐느끼며 말했다. 피리 소리는 세상에서 가장 아름다웠고 형제들과 친구들이 모두 그 소리를 따라 언덕 너머로 사라져 버렸다고.

그 후로 다시는 아이들을 볼 수 없었다. 텅 빈 거리에서 어른들은 비로소 자신들이 저지른 일을 깨달았다. 불과 며칠 전, 자신들이 외면한 약속이 이 비극의 시작이었음을 인정하지 않을 수 없었다. 눈앞의 안락함에 눈이 멀어 마땅히 지켜야 할 약속을 저버린 대가로, 그들은 곧 자신들의 미래였던 아이들을 잃은 것이다.[71]

현재를 살아내는 감각

하멜른의 비극은 지금 이 순간, 우리의 삶 속에서도 끊임없이 반복되고 있다. 당장의 고통을 피하려는 타협, 순간만 넘기면 된다는 안일함, 그리고 눈앞의 평온에 취해 가볍게 여긴 약속들. 모든 것이 현재의 나와 미래의 나 사이에 쌓여야 할 신뢰가 어떻게 무너지는지를 적나라하게 보여준다. 충실한 현재를 외면한 결과는 반드시 대가를 동반한다. 오늘날, 과학은 이 진실을 수치로도 입증하고 있다.

2010년, 심리학자 필립 짐바르도는 전 세계 20개국 수천 명을 대상으로 '시간 관점Time Perspective' 연구를 수행했다. 그는 인간의 삶이 과거, 현재, 미래라는 세 시간 축 위에서 균형을 이룰 때 가장 건강하고 만족스럽다고 결론 내렸다.[72] 과거를 긍정적으로 해석

71 로버트 브라우닝, 『하멜른의 피리 부는 사나이』, 시공주니어, 2017

하고, 현재를 충만하게 살아내며, 동시에 미래를 준비하는 사람일수록 삶의 만족도와 심리적 안정감이 모두 높았다는 것이다. 그는 이를 '시간의 균형 감각'이라 정의했다.

그는 이렇게 말했다. "삶은 시간을 통과하는 탐험입니다. 바람이 과거에서 불어오든, 미래에서 밀려오든, 지금 이 순간의 선택을 다루지 못하면 누구도 앞으로 나아갈 수 없습니다." 하멜른의 어른들은 바로 그 결정의 순간을 놓친 사람들이었다. 그들은 문제를 해결한 뒤, 평온해진 현재에만 머무르며 다가올 미래의 대가를 외면했다.

그로부터 15년 후 2025년, 하버드와 옥스퍼드 공동 연구진은 이 통찰을 더욱 정교하게 확장했다. 22개국, 20만 명을 대상으로 한 '글로벌 플로리싱 연구Global Flourishing Study'는 의미 있는 결과를 보여주었다. 미래지향적인 목표를 가진 사람일수록 사회적·경제적 성취는 높았지만, 정작 현재에 대한 만족감이 결여된 경우 삶의 전반적인 행복지수는 오히려 낮았다.[73]

연구는 분명히 말한다. 미래를 정교하게 설계하는 것만으로는

---

72 Boniwell, I. 외, <The Zimbardo Time Perspective Inventory in Relation to Subjective and Psychological Well-Being>, ResearchGate, 2010

73 VanderWeele, T. J. 외, <Study Profile and Initial Results on Flourishing>, Nature Mental Health, 2025

충분하지 않다. 오늘이라는 시간 위에 뿌리내리지 못한 성취는 오래가지 못한다. 방향만 정해졌을 뿐, 돛이 내려간 배처럼 흐름을 잃고, 결국엔 허무와 정서적 소진만 남긴다.

심리학적 통찰과 대규모 데이터가 말해주는 결론은 하나다. 지금 이 순간을 어떻게 살아내느냐가, 우리가 맞이하게 될 미래의 품질을 결정한다는 것. 과거의 의미를 되새기고, 미래를 설계하는 것만큼이나 중요한 것은 바로 '현재를 충실히 살아내는 감각'이다. 시간은 흐르는 것이 아니라, 살아내는 것이다.

근시와 원시 사이. 정시正視

근시는 가까운 거리는 잘 보이지만 먼 곳은 흐릿하게 보인다. 원시는 반대다. 멀리 있는 대상은 또렷하게 보이지만 가까운 곳은 잘 안 보인다. 둘의 중간인 정시(正視)는 상이 망막 위에 정확히 맺히는 가장 이상적인 시력 상태다. 가까운 것도, 먼 것도 모두 또렷하게 보는 눈이다.

삶도 이와 같다. 근시적 삶은 눈앞의 현재에만 몰두하다가 미래를 준비하지 못한다. 반면 원시적 삶은 너무 먼 미래만 좇다가 지금 이 순간의 기회를 놓친다. 둘 다 균형을 잃은 시선이다. 가까움과 멀어짐이 동시에 초점 맞춰지는 정시의 시야. 이것이야말로 충실한 현재와 원하는 미래를 잇는 시선이다.

보물지도를 통해 내가 원하는 보물을 구체적으로 시각화하고, 탐험일지를 통해 그 여정을 성실히 기록할 때, 우리는 정시의 시선을 갖게 된다. 그 눈으로 오늘을 바라보고 살아낼 때 미래는 결코 길을 잃지 않는다. 충실한 현재를 통과해야만 우리는 비로소 미래로 이어지는 문을 열 수 있다.

미래를 끌어당기는
루틴

17살 소년이 남긴 미래 영상편지

소년의 눈빛은 평소와 달랐다. 장난기 어린 미소도, 흥분된 목소리도 없었다. 소년은 화면을 뚫어지게 응시하며 조용히 숨을 골랐다. 다음 날은 중요한 역사 시험이 있었지만 그는 마음속에서 이미 다른 결정을 내리고 있었다. 2015년 10월 4일 밤, 소년은 평소와는 전혀 다른 이유로 카메라 앞에 앉았다.

책상 위에는 펼치다 만 교과서가 있었지만 그날만큼은 시험보다 더 중요한 일이 있었다. 그의 손에는 대본도 없었고, 구체적인 연출도 준비되지 않았다. 창문은 굳게 닫혀 있었고, 커튼 틈 사이로도 외부의 불빛은 거의 들어오지 않았다. 단 하나의 스탠드 조명만이 방 안을 어슴푸레하게 비추고 있었다. 늘 활기찬 게임 소리로 가득하던 공간은 이날만큼은 침묵 속에서 낯선 긴장감에 휩싸여 있었다.

그날 밤, 소년은 조용히 방 안에 앉아 네 개의 짧은 영상을 녹화했다. 각각 2분 남짓한 영상이었다. 6개월, 1년, 5년, 10년 후의 자신에게 보내는 시간의 메시지. 구독자를 위한 콘텐츠가 아니라, 미래의 자신과 나누는 은밀하고도 진지한 대화였다. 그의 눈빛은 처음으로 렌즈 너머의 시청자가 아닌 시간 너머의 자신을 향해 있었다. 영상 속의 말들은 마치 편지처럼 담담하면서도 진심이 느껴졌다. 그날 소년은 처음으로 시간의 저편에 있는 자신과 마주했다. 그리고 그 순간의 대화는 훗날 그가 꿈을 향해 나아가는 결정적인 용기가 되었다.

놀라운 건, 그 영상들을 바로 올리지 않았다는 점이다. 소년은 영상들을 각 시점에 맞춰 자동으로 공개되도록 예약해 두었다. 마치 시간의 편지처럼, 이 네 개의 영상은 그에게 강력한 동기를 심어주었다.

첫 번째 영상은 2016년 4월 4일, 정확히 6개월 후에 공개되었다. 영상 속에서 소년은 현재 구독자 수 8천 명, 조회수 180만 회임을 밝히며 이렇게 말했다. "6개월 후에도 매일 영상을 올리고 있기를 바란다. 구독자는 적어도 1만 5천 명은 넘었으면 좋겠어…. 6개월 안에 구독자가 2만 명 정도로 말도 안 되게 많아진다면 얼마나 근사할까." 소년은 목표를 분명히 설정했고, 자신에게 다짐하듯 이 말을 남겼다. 실제로 6개월 후, 그의 채널은 2만 명을 넘기며 그 약속은 현실이 되었다.

두 번째 영상은 1년 후인 2016년 10월 4일에 공개되었다. 소년은 "1년 뒤 구독자가 5만 명이 되었으면 좋겠다. 아마 안 될 거라 생각하지만, 그래도 한 번 시도해 보는 거야."라고 말했다. 가능성을 낮게 보았지만 실행을 멈추지 않겠다는 선언이었다. 그 결과 그의 채널은 20만 명 이상을 기록하며 예상조차 넘어섰다. 소년은 여전히 매일 영상을 올리고 있었고, 콘텐츠는 날로 진화하고 있었다.

세 번째 영상은 2020년 10월 4일에 공개되었다. 영상 속 소년은 5년 뒤의 자신에게 질문을 던졌다. "지금쯤 대학을 다니고 있을까? 아니면 이미 졸업했을까? 구독자 수는 100만 명 정도 있기를 바란다. 유튜브가 직업이 되어 있다면 더 좋겠지." 실제로 영상이 공개된 날, 그의 메인 채널 구독자는 4,420만 명을 넘은 상태였다. 소년은 단순한 유튜버가 아닌, 사회적 영향력을 가진 글로벌 브랜드로 성장해 있었다. 나무 2천만 그루를 심는 '팀 트리즈Team Trees', 바다에서 쓰레기 3천만 파운드를 수거하는 '팀 시즈Team Seas', 그리고 수익을 기부하는 '비스트 필란트로피Beast Philanthropy'까지, 그의 콘텐츠는 세계적인 운동으로 확장되었다.

마지막 네 번째 영상은 2025년 10월 4일에 공개될 예정이다.

소년은 이 영상에 대해 단 한마디만 남겼다. "아주 큰 비전이 담겨 있다." 그 영상에는 어떤 말이 담겨 있을까. 그가 말한 '큰 비전'은 무엇일까. 10년 전 방 안에서 미래의 자신을 향해 조용히 건넨 마지막 영상, 그 편지가 열리는 날이 다가오고 있다.

소년은 미래를 상상만 하지 않았다. 그는 미래를 호출했고, 현재를 그 미래에 맞춰 조정했다. 그 결과 매일을 목표에 몰입하며 살아갈 수 있었다. 미래와의 대화는 단순한 상상이 아니라, 행동을 이끌어내는 가장 강력한 장치였다.

그의 이름은 지미 도널드슨. 훗날 전 세계에 '미스터 비스트MrBeast'라는 이름으로 알려진 인물이며, 현재 유튜브 구독자 수 3억 8,600만 명을 넘기며 세계 1위를 기록 중이다. 그의 인기는 여전히 식을 줄 모른다. 하지만 그가 진정으로 보여준 것은 구독자 수나 조회수가 아니다. 그는 네 편의 짧은 영상을 통해 미래의 나와 대화하며 그 미래를 앞당기는 삶을 스스로 증명해냈다.[74]

과학이 설계한 미래와의 만남

한번이라도 미래의 나를 떠올리고, 그 모습에 가까워지기 위해 현재의 나와의 간격을 좁히려 시도해 본 적이 있는가? 뇌과학자들

---

74 지미 도널드슨, <Draw My Life: MrBeast>, 유튜브, 2015~2025년 영상 타임캡슐 프로젝트

은 말한다. "미래의 나와 친밀감을 느낄수록, 현재의 행동이 달라진다." 사람은 누구나 더 나은 미래를 꿈꾼다. 하지만 대부분은 오늘의 행동을 아무렇지 않게 흘려보낸다. 왜 그럴까? 이 질문을 붙잡고 오랜 시간 탐구를 이어온 사람이 있다. 행동과학자 할 허시필드. 그는 미국 캘리포니아 대학교 로스앤젤레스 캠퍼스University of California, Los Angeles, UCLA 앤더슨 경영대학원 교수이자, 『미래의 나를 만난 후 오늘이 달라졌다』의 저자다.

그는 뇌과학과 행동경제학을 결합한 실험들을 통해 우리가 미래의 자아future self를 어떻게 인식하는지, 그것이 오늘의 선택에 어떤 영향을 미치는지를 끈질기게 파고들었다.

그가 던진 질문은 단순하지만 강력하다.

"미래의 나를 실제로 마주한다면, 오늘의 나는 달라질 수 있을까?"

첫 실험은 2011년, 스탠퍼드 대학교에서 진행되었다. 참가자들은 가상현실Virtual Reality, VR 기술로 노화된 자신의 얼굴을 마주했고, 이후 은퇴 저축 계좌에 얼마를 넣을지를 선택했다. 현재 모습만 본 이들은 평균 소득의 2.7%만을 저축하겠다고 답했지만, 노년의 자기 얼굴을 본 이들은 그보다 두 배인 6% 이상을 설정했다. 단 한 번 미래의 나와 눈을 마주친 경험이 오늘의 재정 결정을 완전히 바꿔놓은 것이다.

이듬해인 2012년에는 미래 자아가 도덕적 판단에 영향을 미치는지 확인하고자 또 다른 실험이 설계되었다. 참가자들에게 10년 후의 자신에게 편지를 쓰게 한 뒤 남을 속일 수 있는 게임을 진행했는데, 편지를 쓴 이들은 그렇지 않은 사람들보다 정직한 행동을 선택할 가능성이 높았다. 미래와 교감한 이들은 당장의 이익보다 나중에 부끄럽지 않을 선택을 택했다.

같은 해, 그는 노스웨스턴 대학교Northwestern University와 협력해 또 다른 실험을 이어갔다. 참가자들이 노화된 자신의 아바타와 가상현실 속에서 상호작용하도록 구성된 이 실험에서 부정행위는 줄었고, 타인을 배려하는 결정은 늘어났다. 윤리 교육을 받은 것도 아닌데 왜 행동이 바뀌었을까? 이유는 명확하다. 미래의 자아가 당장 나의 이야기로 다가왔기 때문이다.

2013년에는 연구 범위를 건강 습관으로 확장했다. UCLA 연구팀과 함께 참가자들에게 20년 후의 자신에게 편지를 쓰게 한 후, 일정 기간 동안 운동 실천 변화를 추적했다. 미래 자아와의 연결을 경험한 이들은 운동 빈도와 시간 모두에서 뚜렷한 증가를 보였다. 미래의 내가 선명해질수록 몸을 움직이는 이유도 분명해진 것이다.

다음 해인 2014년에는 체중 감량을 목표로 하는 사람들을 대상으로, 살이 빠진 미래의 자신의 모습을 3D 아바타로 시각화하도록 했다. 연구는 뉴욕 대학교New York University와 공동으로 진행되었으며 실험 결과는 즉시 나타났다. 변화를 눈으로 확인한 이들은 아이스크림보다 무설탕 음료를 선택했고, 식욕 조절에서도 긍정적인 반응을 보였다. 눈앞의 유혹보다 마음속에 그려진 미래의 내가 더 강한 동기를 부여한 것이다.

2020년에는 교육 분야로 다시 방향을 돌렸다. 커뮤니티 칼리지community college 학생들을 대상으로, 교육 심리학자 태머라 심스Tamera Sims와 함께 학기 내내 디지털 기술로 노화된 자신의 모습을 주기적으로 보여주는 실험을 진행했다. 미래의 자기 모습을 반복적으로 확인한 학생들은 그렇지 않은 학생들보다 재정 계획 수립에 더 몰입했고, 자신감이 높아졌다.

2022년에는 미국 대학생들을 대상으로 한 후속 연구가 수행되었다. 허시필드와 뉴욕대학교 연구진은 미래 자아와의 심리적 연결성이 자기통제력과 학업 성취도에 어떤 영향을 미치는지를 분석했다. 그 결과, 미래의 자신을 더 가까이 느낀 이들은 SNS와 즉각적인 유혹을 이겨내는 힘이 강했고, 실제 성적도 더 높게 나타났다. 지금 이 순간을 지켜내는 진짜 힘은 '의지'가 아니라, 미래의 나와의 거리에서 비롯된 것이다.

이처럼 다양한 연구 사례들은 저축, 정직, 건강, 학습 등 삶의 거의 모든 영역에서 미래의 나를 생생히 경험하거나 상상할수록 현재의 선택과 습관이 달라진다는 것을 증명했다. 즉, 미래의 나를 생생히 느낄수록 오늘의 내가 달라진다는 사실을 보여준다.

결국 미래를 바꾸는 힘은, 그 미래를 얼마나 가깝게 느끼느냐에 달려 있다.[75]

미래를 잇는 비밀 도구

미래의 나와 얼마나 깊이 연결되어 있는지가 곧 현재 삶의 수준을 결정한다. 연결이 강할수록 우리는 더 지혜롭고 본질적인 선택을 내릴 수 있다. 반대로 연결이 약한 사람은 눈앞의 문제에 몰두한 채 하루하루를 소모하고, 당장 급한 일에 시선을 빼앗겨 정작 중요한 방향은 놓치게 된다. 안타깝게도 이것이 많은 사람들이 반복하는 삶의 패턴이다.

하지만 미래와 현재는 단절된 두 시점이 아니다. 그 사이는 반드시 연결되어야 하며, 거리는 좁을수록 좋다. 다가올 삶의 방향이 지금 이 순간과 자연스럽게 이어질 때, 우리는 흐르는 시간을 소모하지 않고 새로운 가능성으로 바라보게 된다.

그리고 이 연결을 가능하게 해주는 비밀 도구가 있다. 바로 보물지도와 탐험일지다.

---

75 할 허시필드, 『미래의 나를 만난 후 오늘이 달라졌다』, 비즈니스북스, 2024

보물지도는 우리가 원하는 삶의 방향, 이루고 싶은 목표, 닿고자 하는 상태를 구체적으로 시각화하는 도구다. 내가 찾고 싶은 '보물'을 직접 붙이고 그 위치를 설정하는 순간, 그것은 막연한 바람이 아닌 분명한 목적지가 된다. 미래의 모습을 선명하게 그려볼수록 지금의 나와 그 미래 사이의 간격은 점점 좁아지고, 두 시간대는 하나의 흐름 안에 들어온다.

탐험일지는 보물을 찾아가는 여정을 기록하는 도구다. 오늘 어떤 선택을 했는지, 어떤 생각을 품었는지, 어떤 성장을 이루었는지를 남기는 일은 단순한 기록이 아니다. 보물섬 안에서 내가 선택한 길을 따라 걷고 있다는 확실한 증거다. 그 기록은 현재의 나와 미래의 나를 이어주는 탐험의 다리가 되어준다.

두 도구는 함께 작동한다. 보물지도는 방향을 제시하고, 탐험일지는 그 길을 걷게 만든다. 보물을 붙이고 여정을 기록하는 단순한 실천이 미래의 나를 친밀한 동반자로 만들어 준다.

오감을 만족시키는 보물지도 영화

오감을 통해 살아내는 인생이란 숲

앞을 보지 못하고, 들을 수도 없는 한 소녀가 있었다. 생후 19개월이라는 너무도 이른 시기에 찾아온 고열과 설사로 인해 시각과 청각을 동시에 잃었고, 그날 이후 세상은 완전히 닫힌 공간이 되었다. 빛은 사라졌고, 소리는 들리지 않았으며, 얼굴의 표정이나 사람의 눈빛처럼 미묘한 감정의 흐름은 아예 존재하지 않는 것이나 다름없었다. 세상은 멀고 낯선 영역이 되었고, 그 안에서 고립된 채 살아가야 했던 삶은 고요한 절망에 가까웠다.

누군가 손바닥 위에 알파벳을 하나하나 새겨 넣기 시작한 순간, 처음으로 언어의 문이 열렸고, 그녀는 작고 단순한 자극들 안에 세상을 구성하는 구조가 숨어 있음을 깨달았다. 들리지 않는 말, 보이지 않는 입모양도 손의 움직임을 통해 얼마든지 전달될 수 있다는 가능성이 열렸고 세상과 다시 대화할 수 있다는 희망이 되었다.

그녀는 촉각을 통해 언어를 익혔고, 손끝의 움직임으로 자신의 의지를 표현했으며, 손바닥을 통해 타인의 감정과 생각을 받아들이는 방식으로 감각의 세계를 재구성해 나갔다.

어느 날, 한 시간 넘게 숲을 걷고 돌아온 친구가 그녀를 찾아왔고, 두 사람은 언제나처럼 손을 맞잡은 채 조용히 대화를 시작했다. 손바닥에 문장을 새기듯 그녀는 물었다.

"무엇을 보았니?"

그 질문은 숲이라는 공간을 본 적 없는 사람이, 오직 감각만으로 그곳을 상상해 온 사람이, 실제로 그곳을 다녀온 이의 언어를 통해 자신이 그려온 세계와 얼마나 겹치는지를 확인하고 싶었던 간절한 요청이었다. 감각을 손끝으로라도 느껴보고 싶은 마음이 담겨 있었다. 그러나 친구의 대답은 너무 짧았다.

"별거 없었어."[76]

모든 감각을 가지고 있는 이가 아무 감동도 남기지 못한 채 자연을 지나쳤다는 사실은, 감각을 잃은 이보다 오히려 감각을 외면한 이가 세상과 더 멀어질 수 있다는 사실을 날카롭게 드러냈다.

소녀는 숲을 눈으로 본 적 없었지만 나뭇잎의 절묘한 대칭을 손

---

76 헬렌 켈러, 『헬렌 켈러 자서전』, 문예출판사, 2009

끝으로 따라가며 느낄 수 있었고, 자작나무 껍질의 매끄러움과 소나무의 거친 결을 구분할 수 있었다. 새순의 미세한 떨림에서 계절의 첫 신호를 감지했고, 꽃잎 하나하나의 결 속에서 생명의 구조를 손바닥으로 감각했다. 때로는 나무에 살며시 손을 얹었을 때, 그 위에서 노래하던 작은 새의 가벼운 떨림까지도 온몸으로 받아들일 수 있었다.

눈이 보이지 않고, 귀가 들리지 않아도, 삶의 디테일과 자연의 결은 손끝에서 살아 움직였다. 단 하나의 감각으로도 그녀는 숲을 온전히 살아냈다. 그 경험은 단순히 감각을 비교하는 일이 아니었다. 중요한 것은 감각이 있느냐 없느냐가 아니라, 감각을 '사용하느냐'였다.

눈으로 본다고 해서 보게 되는 것이 아니고, 귀로 듣는다고 해서 마음까지 들리는 것이 아니라는 사실. 감각은 단지 기능이 아니라 태도이며, 세계와 연결되는 근육이라는 통찰을 일깨워 주는 순간이었다.

그녀의 이름은 헬렌 켈러였다. 시각과 청각을 잃고 삶을 시작했지만, 촉각이라는 감각 하나만으로 언어를 배웠고, 세상을 이해했고, 존재를 표현해 냈다. 자신의 감각을 훈련하고 확장해 그 무엇보다 충실하게 현재를 살아냈고, 동시에 미래의 자신과도 깊이 연결된 삶을 설계하고 실천했다. 미국의 교육자이자 사회복지 사업가, 작가이자 인권운동가로서, 수많은 이들에게 감각의 본질과 인간 존재의 가능성을 일깨운 인물이었다.

그녀는 누구보다 현재에 집중했고, 내일을 멀리 두지 않고 오늘 안으로 당겨왔다. 단 하나의 감각으로도 미래를 당겨오고, 삶을 완성해 낼 수 있다는 가능성을 보여주었다. 우리가 오감으로도 쉽게 느끼지 못하는 세계를 손끝 하나로 감각하며 살아냈다.

우린 인생이라는 숲을 매일 걷고 있다. 혹시 소녀의 친구처럼, 모든 감각을 지니고도 "별거 없었어."라며 무심히 지나치는 건 아닐까? 단 하나의 감각으로도 숲을 온전히 살아낸 헬렌 켈러처럼, 우리는 오감을 지닌 존재로서 과연 어떤 태도로 인생이라는 숲을 살아내야 할까?

느끼는 만큼 앞당겨지는 미래

2010년, 뉴욕 대학교New York University 신경 과학자 케빈 스푸나르Kevin Szpunar 연구팀은 흥미로운 실험을 진행했다. 참가자들에게 미래에 이루고 싶은 장면을 상상하게 한 뒤, 뇌의 반응을 비교한 것이다. 한 그룹은 단순히 장면을 떠올리게 했고, 다른 그룹은 시각, 청각, 촉각 같은 오감을 활용해 생생하게 시뮬레이션하도록 유도했다.

예를 들어 '나는 강연자가 되고 싶어.'라고 생각만 한 사람과, '무대 위에서 조명이 얼굴을 비추고, 청중의 박수 소리와 손에 잡힌 마이크의 차가운 감촉까지 상상한 사람'의 뇌는 전혀 다르게 반응했다.

감각적 상상을 한 그룹의 뇌에서는 기억을 저장하는 해마hippocampus와 계획과 판단을 관장하는 전두엽prefrontal cortex이 동시에 활성화되었다. 뇌는 이 감각적 시뮬레이션을 단순한 공상이 아닌 실제 경험처럼 인식하기 시작했고, 그렇게 형성된 '기억된 미래'는 현재의 선택과 행동을 이끄는 동력으로 작용했다.[77]

즉, 오감을 활용한 생생한 상상은 뇌 안에서 현재와 미래의 경계를 흐리게 만들며, 삶의 방향을 미리 체험한 것처럼 이끈다.

이어서 2012년, 캘리포니아 대학교 로스앤젤레스 캠퍼스의 행동 과학자 할 허시필드는 기능자기공명영상법fMRI: functional magnetic resonance imaging을 활용해 또 다른 실험을 진행했다. 사람들에게 자신의 미래 모습을 감각적으로 구체화하도록 유도한 뒤, 뇌의 반응을 측정한 것이다.

'미래의 나'를 생각만 했을 때는 뇌가 낯선 타인을 대할 때와 유사한 반응을 보였지만, 오감을 동원해 구체적인 장면을 시각화했

77 Szpunar, K.K., Watson, J.M., & McDermott, K.B., <Neural substrates of envisioning the future>, Proceedings of the National Academy of Sciences, 2010

을 때는 현재 자아를 떠올릴 때와 유사한 뇌 반응이 나타났다.[78] 감각이 개입된 상상이 '그건 네 이야기야.'라는 메시지를 뇌에 전달한 것이다. 이 연결감은 행동 변화로 이어졌고, 미래를 실제 '나의 일'로 느끼게 된 사람들은 오늘의 선택을 달리하기 시작했다.

감각은 기억을 만들고, 미래를 저장하며, 오늘의 나를 움직이는 동력이 된다. 당신이 미래를 감각적으로 느낄 수 있다면 미래는 더 이상 멀리 있지 않다.

오감으로 미래를 그리는 보물지도 영화

그렇다면 어떻게 미래를 오감을 통해 감각적으로 경험할 수 있을까? 그 해답은 바로 보물지도 영화에 있다. 우리는 매일 수많은 영상을 본다. 유명 인플루언서의 브이로그, 여행 리뷰, 뉴스, 드라마, 남들의 이야기를 영상으로 넘겨보는 데 익숙하다. 그러나 정작 내 삶의 미래를 영상으로 본 적은 있는가? 보물지도 영화는 당신의 미래가 주인공이 되는 단 하나의 영상이다.

보물지도 영화는 내가 보물지도에 붙인 보물같은 목표들을 이미지와 영상, 음향으로 재현해 나만의 미래 예고편을 만드는 작업

78 Hershfield, H.E. 외, <Neural measures reveal how temporal distancing from the future self leads to lower savings>, Journal of Marketing Research, 2012

보물선장
보물지도영화

이다. 생성형 AI 기술의 발전으로, 누구나 간단한 프롬프트만 입력하면 자신이 상상하는 미래의 장면을 이미지로 그리고, 음악과 목소리로 표현하며, 오감이 담긴 영상을 제작할 수 있게 되었다.

이 영화는 단지 시각적 자료가 아니다. 이미지는 시각을, 배경 음악과 음성은 청각을, 장면이 주는 감정과 상상은 체감각을 자극한다. 손끝으로 느껴지는 떨림, 공기의 울림, 햇살의 온기까지도 상상 속에서 현실처럼 느끼게 한다. 뇌는 그것을 '이미 겪은 일'처럼 받아들이고, 그렇게 각인된 미래는 현재의 삶에 실질적인 영향을 미치기 시작한다.

영화 예고편이 관객의 기대를 끌어올리듯, 이 영상이 충분히 흥미롭고 생생하게 그려진다면, 당신은 매일을 더 충만하고 의도적으로 살아가게 될 것이다. 감각은 이미 준비되어 있다. 기술도 당신 손안에 있다. 이제 남은 것은 당신의 삶을 감각적으로 상상하고 그것을 실체처럼 느끼려는 결심이다. 지금 바로, 당신의 미래를 오감으로 느낄 수 있는 보물지도 영화를 만들어보라. 그 영화는 곧 당신 삶의 다음 장면이 된다.

보물지도 설계법

135일 동안 남긴 메시지

"남은 시간은 약 135일입니다."

의사는 조심스럽게 입을 열었지만 말끝에 망설임은 없었다. 공기 중에 머물던 숫자는 너무도 명확했고 무자비했다. DIPGDiffuse Intrinsic Pontine Glioma. 소녀의 뇌간에 발생하는 종양 중 가장 치명적인 병. 수술도, 약물도, 희망조차 무력하게 만드는 병명 앞에서, 할 수 있는 일은 그저 남겨진 시간을 받아들이는 것뿐이었다.

아직 이름도 밝혀지지 않은 그 소녀는 몸의 변화를 통해 자신에게 남겨진 시간이 길지 않음을 알아채고 있었다. 말이 흐려지고, 손끝의 감각이 사라지고, 걸음은 점점 느려지고, 시야는 자주 흐릿해졌다. 그러나 소녀는 놀랍게도 두려움에 휩싸이거나 슬픔에 빠져들지 않았다. 대신 연필을 들었다. 조용히 앉아 종이를 꺼내 그녀만의 속도로 진심을 담은 편지를 쓰기 시작했다.

첫 문장은 엄마에게 보내는 것이었다. "혼자일 때 이 쪽지를 찾게 될 거예요." 그 다음은 아빠를 향한 다짐이었다. "오늘보다 내일 더 웃을 수 있어요. 내가 그렇게 해줄게요." 그리고 마지막으로, 네 살짜리 여동생에게는 이런 약속을 건넸다. "언니 없이도 잘할 수 있어. 난 항상 너를 응원해."

그날 이후, 소녀는 집 안 구석구석을 작은 손으로 탐험하기 시작했다. 책장 뒤, 커튼 안쪽, 인형 배 속, 침대 프레임 밑, 식탁 아래. 세상에서 가장 순수한 의도를 가진 손길이 사랑하는 가족을 위한 흔적을 한 장, 또 한 장 남겼다.

시간이 흘러 135일 후, 소녀는 고요하게 세상을 떠났다. 고통을 말로 남기지 않았고, 작별의 인사도 하지 않았다. 소녀는 아주 조용한 방식으로 마지막을 마무리했고, 가족은 완전히 무너졌다.

모든 게 끝난 듯 보이던 어느 날, 아버지는 책을 정리하다가 종이 한 장을 발견했다. 익숙한 필체였다. "아빠, 오늘 하루도 잘 지냈죠? 저는 보고 있었어요." 순간 멈췄던 시간이 다시 흐르기 시작했다.

이후로 쪽지는 하나둘 모습을 드러냈다. 주방 서랍에서, 커튼 봉 안에서, 오래된 노트 속에서. 엄마는 또 하나의 메모를 마주했다. "너무 슬퍼하지 마요. 다시 햇살이 올 거예요." 그 외에도 이런 문장들이 하나씩 발견되었다. “잊지 마요, 우리가 함께한 순간은 사라지지 않아요.”, “내가 없어도, 우리 가족은 여전히 하나예요.” 소녀의 음성이 들리는 것만 같았다. 조각난 기억의 틈마다 배치된 짧은 말들이 남은 가족을 다시 걷게 만들었다.

수백 장의 메모들은 남겨진 가족들이 다시 살아갈 수 있도록 설계된 사랑의 메시지였고, 하나하나가 흩어진 좌표처럼 보였지만 결국 연결되었을 때 하나의 커다란 지도가 되었다. 방향을 잃은 마음에 좌표를 찍고, 무너진 일상에 희망의 동선을 남기는, 남겨진 가족에게는 보물 같은 지도였다. 사랑은 그렇게 무형의 형태로 시간과 공간을 넘나들고 있었다.

소녀의 이름은 엘레나 데서리치. DIPG라는 불치병을 진단받고, 남은 생애를 135일로 통보받은 여섯 살 소녀. 울지 않았고, 분노하지도 않았으며, 자신이 사라진 이후에도 사랑하는 이들이 길을 잃지 않도록 종이에, 벽 틈에, 장난감 안에, 자신의 마음을 숨겨놓은 소녀였다.

소녀가 남긴 수백 장의 쪽지들은 『Notes Left Behind』라는 제목으로 엮였고, 책은 뉴욕 타임즈 베스트셀러에 오르며 수많은 이들의 마음에 잔잔한 감동을 남겼다. 한 소녀의 선택이 증명해 낸 것이다. 사랑은 기록될 수 있으며, 기록된 사랑은 사람을 다시 걷게 할 수 있다는 것을.

나는 지금 누구를 위해 어떤 메시지를 남기고 있는가? 나는 언젠가 발견되기를 바라는 희망의 좌표를 삶의 어디쯤에 숨겨두고 있는가?

길을 밝혀주는 탐험의 지도

원하는 보물을 시각화를 통해 더 쉽게 찾을 수 있는 이유, 그 근거를 과학에서 찾아보자. 이미지는 뇌를 강하게 자극한다. 해석과 분석이 필요한 언어 정보와 달리, 이미지는 단번에 뇌에 각인되고 즉각적인 반응을 일으킨다.

메릴랜드 대학교University of Maryland의 인지과학 연구에 따르면, 사람들은 들은 정보의 10%만 기억하는 반면, 시각적인 정보는 65% 이상 기억한다고 한다.[79] 이는 뇌가 이미지를 단순한 정보가 아니라 실제 경험처럼 저장하기 때문이다.

하버드 대학교와 러시아 올림픽팀의 연구도 흥미롭다. 한 그룹은 전통적인 실전 훈련을 했고, 다른 그룹은 훈련 시간의 절반을 자신이 경기하는 모습을 시각화하는 데 사용했다. 결과는 시각화를 병행한 그룹이 더 좋은 성과를 내는 것으로 나타났다.[80]

---

79 Baker, S. & Tomas, R., <Visual Memory and Retention: A Study on Information Processing>, University of Maryland, 2021

80 Harvard University & Russian Olympic Team, <Mental Visualization in Athletic Performance>, Harvard University Press, 2020

이처럼 시각화는 뇌에 원하는 보물의 위치를 선명하게 각인시키고, 그 보물을 향해 나아가는 여정에서 길을 잃지 않도록 안내해 주는 역할을 한다.

시각화된 보물은 마치 보물섬 위에 꽂힌 깃발처럼 당신의 인식과 감정, 방향 감각을 한곳으로 모아주는 시각적 이정표가 되어준다.

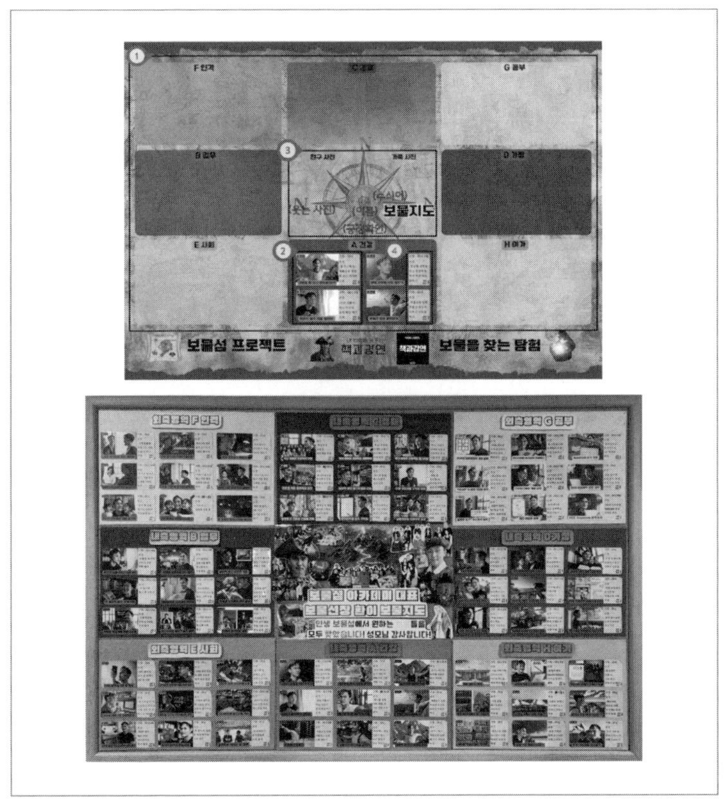

보물지도 설계법

이제부터 당신만의 보물지도를 설계할 차례다. 지도는 보물섬 곳곳에 숨겨진 보물을 찾기 위해 반드시 필요한 도구다. 보물지도는 단숨에 완성되지 않는다. 총 6단계의 흐름을 따라가며, 당신의 삶을 구체적으로 시각화할 수 있는 지도가 완성될 것이다.

1단계: '당신을 중심'으로 한 여덟 가지 영역 나누기

보물지도는 중앙의 중심핵과 그 주위를 둘러싼 여덟 가지 영역으로 구성된다. 여덟 가지 영역이란 A건강부터 H여가까지이며, 순서대로 A건강, B업무, C경제, D가정은 '내측영역', E사회, F인격, G공부, H여가는 '외측영역'으로 분류된다. 내측영역은 삶에서 빠질 수 없는 생존과 밀접하게 연관된 기본적인 영역이며, 외측영역은 이들을 보강하고 균형 잡힌 성장을 이끄는 삶의 확장된 영역이다. 각 영역에는 색을 지정하는데 다양한 보물을 시각적으로 구분하고 카테고리별로 명확히 인식할 수 있도록 돕기 위함이다.

여덟 가지 영역은 서로 연결되며 상호 보완을 이뤄, 삶이 특정 방향으로 쏠리는 것을 막아준다. 예컨대 영역 구분 없이 보물지도를 작성할 경우 대부분 업무와 관련된 목표들로만 채워지기 쉽다. 실제로 10년간 보물지도를 실천해 온 나조차 직업 중심의 목표에만 몰두한 시기가 있었고, 직업의 방향을 바꾸게 되면서 전체 보물 중 70% 이상이 더는 의미 없는 것이 되었다.

영역을 나누지 않으면 쉽게 균형이 무너질 수 있으며, 타인의 기대에 맞춘 목표로 지도가 도배되기 쉽다. 따라서 영역을 나누고 채워가는 과정은 그러한 오류를 예방하는 효과적인 장치가 된다.

 # 2단계: 각 영역에 원하는 보물 붙이기

영역을 나누었다면 이제 각 영역에 원하는 보물을 붙일 차례다. 이때는 우선순위를 고려해 내측영역(A~D)을 우선적으로 채우고 외측영역(E~H)을 채운다. 예를 들어, 현재 경제적 여건이 불안정한 상황에서 H여가 영역을 우선시한다면 삶의 균형이 쉽게 무너질 수 있다.

원하는 보물은 앞서 언급한 문제해결 시스템 CAPD를 적용해 구체화한다. 각 영역별 질문을 통해 문제를 점검Check하고, 원인을 분석Action한 뒤 해결 방안을 계획Plan하는 과정을 거친다. 이렇게 정리된 계획이 진정으로 당신에게 필요한 '보물'이 된다. 이제 원하는 보물을 찾았다면, 본격적인 탐험을 시작Do한다.

이 과정을 생략하고 무작정 보물을 채워나가면 결국 나의 시선이 아닌 타인의 시선, 혹은 사회의 기대에 맞춘 목표들로 지도가 채워지기 쉽다. 그렇게 만들어진 보물들은 설사 손에 넣는다 해도 진정한 기쁨이 따르지 않는다. 마치 사다리를 다 올라간 뒤에야

엉뚱한 벽에 기대어 있었음을 깨닫는 기분과 같다.

A건강 영역은 현재의 건강 상태에 따라 방향이 달라진다. 건강한 사람이라면 현 상태를 유지하거나 개선하기 위한 목표를, 건강에 문제가 있는 사람이라면 회복을 위한 목표를 설정한다. 예를 들어, 원하는 체중이나 이를 위한 운동 목표 등이 포함될 수 있다.

B업무 영역은 직장인이라면 업무 역량 강화나 자격증 취득 등과 관련이 있고, 가정을 책임지는 주부라면 살림과 관련된 목표, 학생이라면 학교생활에서 이루고 싶은 보물로 채우면 된다.

C경제 영역은 돈과 관련된 모든 목표인 집이나 자동차 같은 자산 구매, 저축, 투자, 대출 상환 등을 포함한다. 다만, 이 과정에서도 문제해결 시스템 CAPD를 통해 자신의 보물이 단순한 허영에서 비롯된 것이 아닌지 냉철하게 점검해 보아야 한다.

D가정 영역은 가장 가까운 사람들과의 관계에 관한 목표다. 부모님께 안부 전화를 드리기, 가족과 외식하기처럼 구체적인 활동을 적는다. 중요한 것은, 당신이 가장 소중히 여기는 사람을 떠올리고, 그 사람과 함께 나누고 싶은 경험이나 달성하고 싶은 보물을 설정하는 것이다.

E사회 영역은 친구, 동료, 커뮤니티, 자치활동 등 사회적 관계 속에서 이루고 싶은 보물들을 포함한다. 새로운 인간관계를 만드는 것도 좋지만, 지금의 관계를 소중히 지키고 성장시키는 것도

귀한 보물이다.

F인격 영역은 막연히 '좋은 사람이 되어야지.'가 아니라, 하루 3번 인사하기, 시간 엄수하기, 친절하게 말하기 등 구체적이고 반복 가능한 실천 목표를 보물로 설정한다. 100일 챌린지처럼 지속성을 확보할 수 있는 형식으로 설계하면 더욱 효과적이다.

G공부 영역은 직업적 경쟁력을 위한 학습뿐 아니라, 삶의 질을 높이기 위한 자기계발 목표를 포함한다. 예를 들어, 외국어 학습, 자격증 취득, 관심 있는 주제에 대한 독서나 강의 수강 등이 있다. 결과물이 명확할수록 동기부여가 강해진다.

H여가 영역은 삶의 여유와 회복을 위한 활동들로 채운다. 여행, 취미, 운동, 독서, 혼자만의 시간 등 스트레스를 해소하고 즐거움을 주는 모든 활동이 포함될 수 있다.

이처럼 여덟 가지 영역에 원하는 보물들을 적어 보았다면 생생하게 떠올려야 한다. 오감을 활용해 구체적으로 상상하고 입체적으로 시각화하라. 중요한 점은, 목표가 삶에 스며들어 잊히지 않도록 명확하게 설계하는 것이다. 예컨대, '건강을 위해 물 많이 마시기'처럼 모호한 목표는 어느새 사라지기 쉽다. 이를 '하루 1L 물 마시기 100일 챌린지'처럼 구체화하면 성취 가능성이 높아진다.

3단계: 중심핵 채우기

보물지도의 중심핵은 당신의 정체성을 담는 공간이다. 이곳에는 정체성을 표현하는 수식어, 환하게 웃는 사진, 긍정확언, 그리고 가족이나 친구 사진을 배치한다.

우선 중심에서 가장 먼저 살펴봐야 할 것은 '수식어'다. 어릴 적에는 누구나 "나는 이런 사람이야!"라고 말할 수 있었고, 그 말은 틀리지 않았다. 하지만 성장 과정에서 우리는 점점 자신을 숨기고, 눈에 띄지 않기 위해 조용해지며, 나를 표현하는 한 문장조차 떠올리기 어려워진다.

마케팅 전략가이자 베스트셀러 작가인 세스 고딘은 그의 저서 『린치핀』에서 톱니바퀴가 아니라 대체 불가능한 존재가 되라고 말한다.[81] 그러나 많은 사람들은 "나는 누구인가?"라는 질문 앞에서 주저한다. 자신을 사회적 틀 속에 가두어온 결과다.

뚜껑을 덮은 병 속 벼룩은 일정 높이까지만 뛴다. 뚜껑이 사라져도 그 이상은 도전하지 않는다. 어항에서 자란 잉어가 작고 조용한 이유도 같다. 우리 역시 익숙한 환경이 우리의 가능성을 제한해 왔다.

수식어는 남에게 보여주기 위한 것이 아니다. 톱니바퀴처럼 작

---

81 세스고딘, 『린치핀 세상은 이들을 따른다』, 21세기북스, 2010

더라도, 이름과 역할이 있다면 그 존재는 특별해진다. 자신의 이야기가 담긴 수식어는 당신을 흔들리지 않게 해주는 중심축이 된다.

보물지도를 만들다 보면 수식어는 자연스럽게 떠오른다. 내가 향하는 보물, 내가 살아 있음을 느끼는 순간들을 따라가다 보면 '나는 이런 사람'이라는 문장이 생겨난다. 문장은 당신의 중심을 지탱하는 힘이 되고, 균형과 방향, 전진을 가능하게 만든다.

중심핵은 작지만 결정적인 역할을 한다. 탐험의 방향을 바꾸기 위해서는, 그 핵심이 삶 전체와 단단히 연결되어 있어야 한다. 그리고 연결을 가능하게 해주는 작고도 중요한 요소가 바로 린치핀이다. 보이지 않지만 반드시 필요한 이 고정점은, 당신이 보물섬의 방향을 다시 잡는 힘의 원천이 된다.

정체성을 나타내는 수식어를 정하기 어려운 이유는, 평소 그런 질문을 던져본 적이 없기 때문이다. 많은 이들이 직업을 수식어로 정하지만, 그럴 경우 일이 바뀌면 정체성도 흔들리기 쉽다.

문제해결 시스템 CAPD를 통해 보물을 하나씩 채워가다 보면, 진짜 내가 원하는 것이 무엇인지 자연스럽게 드러난다. 세상에 어떤 영향을 주고 싶은지, 사람들이 당신을 어떤 별칭으로 불러주면 좋을지 떠올려 보라. 예를 들어, 저자의 수식어는 '보물섬 아카데미 대표, 보물선장 환이 보물지도'이다. 이는 보물지도와 탐험일지를 통해 사람들이 자기 삶의 탐험 경로를 찾아가도록 돕고자 하

는 사명에서 비롯된 것이다

이어서, 환하게 웃는 얼굴 사진과 긍정확언을 붙인다. 사진은 얼굴 중심의 밝고 명확한 표정이 좋다. 확언은 짧고 기억하기 쉬운 미래완료형 문장으로, 이미 이루어진 상태를 상상하며 표현하는 것이 효과적이다. 예를 들어 "원하는 보물을 모두 찾았습니다. 감사합니다!"처럼 이루어진 미래를 미리 말로 선언하는 것이다. 신앙이 있다면, 믿는 신의 이름을 더해도 좋다.

긍정확언은 하루 한 번 이상 입으로 소리 내어 말하라. 자주 말할수록 그 말은 현실을 이끄는 긍정의 주문이 된다.

마지막으로 동료인 가족과 친구들의 사진을 붙인다. 함께 찍은 사진이라면 더 좋다. 이렇게 중심핵을 채우면, 보물지도를 보는 것만으로도 따뜻한 감정이 되살아날 것이다. 중심핵은 당신 자신이다.

 # 4단계: 마감 기한과 조건 써넣기

마감 기한과 조건을 포스트잇에 적어 각 보물 옆에 붙인다. 이는 마치 뇌 속의 망상활성화계에 최신 GPS 좌표를 입력하는 것과 같다. 자동차를 운전할 때 내비게이션에 목적지를 입력해야 예상 도착 시간과 경로가 나오듯, 보물지도에서도 마감 기한은 도착 시간, 조건은 경로와 같다.

정확한 좌표 설정은 시간 낭비를 줄여준다. 예컨대 '서울'만 입력하면 너무 넓고 모호하지만 '남산도서관'처럼 구체적이면 목적지에 정확히 도달할 수 있다. 마찬가지로 목표에도 기한과 조건이 설정되어야 한다. 마감 기한과 조건은 방아쇠처럼 작동하여 행동을 촉발하고, 계획에 박차를 가하며, 집중력과 의지력을 끌어올린다. 이를 통해 우리는 미루는 습관과 게으름을 이겨내게 된다.

물론 설정한 기한과 조건을 지키지 못할 수도 있다. 예정보다 시간이 더 필요하거나 여건이 달라질 수 있기 때문이다. 이럴 땐 조정하면 된다. 마감 기한과 조건은 '예측치'이지 절대적인 규칙이 아니다. 지형과 날씨에 따라 탐험가가 경로를 수정하듯, 보물지도도 유연하게 바꿀 수 있다. 중요한 것은 수정이 포기를 의미해서는 안 된다는 점이다. '역주행'이라는 말처럼 때론 시간이 흐른 후에 빛나는 보물도 있다.

처음에는 1년 단위로 보물지도를 작성하는 것을 추천한다. 5년, 10년 후 미래를 설계하는 것도 좋지만, 지금은 계단을 한 칸씩 오르듯 눈앞의 목표부터 달성하는 것이 중요하다. 가까운 미래의 보물을 이루면 점차 더 멀리, 더 높이 볼 수 있는 베테랑 탐험가의 시야가 생긴다. 조급해하지 마라. 모든 탐험은 언제나 첫 발자국에서 시작된다.

5단계: 마법의 설정

보물지도를 완성했다면, 이제 가장 중요한 단계인 '마법의 설정'이 필요하다. 이는 시각적 노출을 통해 이미지화된 보물들을 무의식에 깊이 새겨 넣는 환경을 조성하는 과정이다.

가장 먼저 할 일은 완성된 보물지도를 사진으로 찍어 휴대폰 배경화면과 잠금화면으로 설정하는 것이다. 우리는 하루 평균 30번 이상 핸드폰 화면을 본다. 하루 30번이면 한 달에 900번, 1년이면 1만 번이 넘는다. 이 빈도만큼 원하는 보물은 무의식에 각인된다.

다음으로 자주 드나드는 공간에 보물지도를 부착한다. 현관문 옆, 화장실 거울 앞, 거실 TV 옆 등 자주 마주치는 곳에 두면 자연스럽게 반복적으로 시선에 노출된다. 마지막으로 SNS에 게시해 주변 사람들과 공유하자. 공개함으로써 책임감도 생기고, 응원도 받을 수 있다.

세 가지 설정이 완료되면 당신은 무의식 속에서도 원하는 보물을 향해 탐험하게 될 것이다. 마법은 멀리 있지 않다. 반복과 노출 속에 있다.

6단계: 매듭 짓기

대나무는 자라다 매듭을 만들고, 다시 자라다 매듭을 만든다. 그렇게 해서 길고 곧게 뻗을 수 있다. 매듭은 자람을 멈추는 지점이 아니라, 더 높이 자라기 위한 점검의 구간이다. 매듭이 없으면 나무는 쉽게 부러진다. 그래서 대나무는 조금 자라다가 스스로를 되돌아보고 다시 자라는 과정을 반복하며 중심을 잡는다.

보물지도의 성장도 이와 같다. 보물을 얻었다면, 그 옆에 스티커나 별표, 체크 표시 등을 붙여 매듭을 짓는다. 단순한 표시 하나가 다음 탐험의 강력한 동기부여가 된다. 하나씩 매듭 지어간 보물들을 바라보는 것만으로도 당신은 응원받는 기분이 들 것이며, 보물지도는 점점 더 애정을 쏟게 되는 삶의 동반자가 된다.

한동안은 달성한 보물을 계속 붙여두어도 괜찮다. 충분히 기뻐하고 자축하라. 그러다 새로운 보물을 붙이기 위해 공간이 부족하다면, 완성된 보물은 탐험일지로 옮겨 보관하라. 탐험일지에 옮겨진 보물은 마치 시간이 숙성시킨 치즈나 와인처럼, 더 깊은 의미로 남게 된다.

보물지도는 완성형이 아니다. 끊임없이 갱신되고 살아 움직이는 도구다. 당신이 살아 있는 한 보물지도는 계속 진화한다. 지도에 표식을 붙인 숙성된 보물은 새로운 보물을 붙일 공간이 부족해질 때 자리를 양보하고 탐험일지로 옮겨진다. 탐험일지에 보관된 숙성된 보물들은 시간이 지나도 빛을 잃지 않는다. 그리고 그 기록들은 당신의 다음 탐험을 이어가는 강력한 동기가 되어줄 것이다.

탐험일지 작성법

50년 탐험의 기록

스페인 바르셀로나, 지중해를 마주한 항구도시에는 무려 1,000년에 걸친 조선의 역사를 품은 전설적인 조선소가 있다. 수많은 탐험이 이곳에서 시작되었다. 그러나 이 조선소가 세계적으로 유명해진 이유는 선박의 규모나 기술 때문이 아니었다.

이 조선소에는 하나의 전통이 있다. 조선소에서 만들어진 모든 선박의 축소 모형을 제작하고 그 아래 해당 선박이 겪은 탐험의 역사를 기록하는 것이다. 이 모형들은 전용 전시관에 보관되며, 출항 이후 배가 어떤 여정을 지나왔는지, 어떤 위기를 맞았는지를 한 줄의 문장으로 새겨 넣는다. 배 한 척당 하나의 기록, 하나의 서사.

모형 위에는 선박이 조선소를 떠난 후 맞이한 수많은 날들이 고

스란히 새겨져 있다. 그리고 전시관 가장 안쪽 벽에는 모든 선박들의 이야기를 관통하는 하나의 문장이 적혀 있다. '지금까지 10만 척도 넘는 배가 조선소를 떠났다. 그중 6,000척은 바다에 침몰했고, 9,000척은 복구할 수 없을 만큼 손상되었다. 거의 6만 척이 넘는 배는 20번 이상 큰 바다의 재난을 마주했다. 바다에 나가 고난을 겪지 않은 배는 단 한 척도 없었다.'[82]

이 문장은 그 어떤 설명보다 깊은 울림으로 다가온다. 누구도 예외가 없다는 것. 바다로 나아간 모든 배는 크든 작든 반드시 풍랑을 맞는다는 것. 그리고 목적지에 도달했든, 도달하지 못했든, 탐험은 상처와 함께 기록된다는 것.

인생도 마찬가지다. 우리가 꿈을 꾸고 목표를 세우며 보물섬을 향한 탐험을 시작할 때, 우리 역시 예상치 못한 폭풍우를 만나게 된다. 하지만 탐험일지는 실패만을 기록하는 도구가 아니다. 무사히 지나온 평온한 여정도, 우연히 발견한 축복 같은 순간도 함께 담아내는 공간이다. 기쁨과 감사, 후회와 교훈, 그 모든 순간이 쌓여야 진짜 탐험의 흔적이 된다. 그래서 우리에게 필요한 건 잊는 기술이 아니라, 기억을 붙잡아 기록하는 힘이다.

여기에는 단지 긍정적인 이야기만 담는 것이 아니다. 한때는 지

---

82 쉬셴장, 『나쁜 감정의 법칙』, 와이드즈맵, 2024

우고 싶었던 과거의 실수, 실패, 부끄러움, 그리고 말 못 할 상처까지도 포함된다. 탐험일지는 그런 부정적인 스토리마저도 피하지 않고 받아들이는 용기를 훈련하는 공간이다.

시간이 지나면 탐험가는 비로소 깨닫게 된다. 실패와 역경은 자신을 주저앉히는 걸림돌이 아니라, 반드시 지나야 했던 디딤돌이었다는 것을. 가장 감추고 싶었던 기록이 오히려 가장 값지고 소중한 선물로 재해석되는 순간, 우리는 진짜 탐험가가 된다.

누군가는 무너지기 직전의 날들을 되새기며 눈물로 탐험일지를 남기고, 누군가는 아무도 몰랐던 하루의 기적을 사진 한 장으로 붙여넣는다. 그렇게 탐험일지는 이 세상에 단 하나뿐인 진짜 인생의 증명서가 된다.

탐험가가 지나온 경로를 지도에 남기듯, 우리 역시 삶의 여정을 기록해야 한다. 탐험일지는 감정을 쏟아내는 일기장이 아니라, 내가 어디에서 무엇을 겪었고, 어떤 결정을 내렸으며, 어떻게 다시 나아갔는지를 보여주는 나만의 좌표다.

흐릿해진 기억은 기록을 통해 선명해지고, 흩어진 여정은 탐험일지 속에서 하나의 경로로 이어진다. 원하는 보물을 향해 나아가는 길 위에, 그 좌표 하나하나를 정성스럽게 남기는 일. 그것이 바로 탐험일지의 진짜 의미다.

행동의 기록이자 동기의 연료

탐험일지는 단순히 감정을 풀어내는 일기장이 아니다. 보물을 향한 여정 전체를 기록하고 축적하는 실천 도구다. 오늘 어떤 보물을 향해 나아갔는지, 어떤 시도를 했고, 무엇을 얻었는지를 남기면서 당신은 '생각하는 사람'에서 '실행하는 탐험가'로 바뀌게 된다.

의지의 문제가 아니다. 기록하는 행위 자체가 뇌를 바꾸는 강력한 자극이기 때문이다. 도미니칸 대학교의 심리학자 게일 매튜스 박사는 목표를 단지 머릿속에만 그린 사람들보다, 직접 기록한 사람들의 성공 확률이 42% 더 높다는 연구 결과를 발표했다.[83]

또한 텍사스 대학교 신경과학 연구팀의 연구에 따르면, 목표를 구체적으로 기록할 때 전두엽과 운동 피질이 더 활발히 반응하고, 실행을 담당하는 신경 회로가 강하게 활성화된다고 한다.[84] 손으로 기록을 만들어 가는 과정은 최대 1만 가지의 미세한 움직임을 유도하며, 이때 수천 개의 신경회로가 함께 작동한다[85]. 이 복합적인 자극은 뇌에 깊은 각인을 남기고, 단순한 다짐이 아닌 지속 가

83 Gail Matthews, <Goal-Setting and Achievement Study>, Dominican University of California, 2023

84 University of Texas Neuroscience Research Team, <The Cognitive Effects of Handwriting on Goal Commitment>, University of Texas, 2023

85 Anderson, P. & Miller, J., <Neuroscience of Handwriting: The Cognitive Impact of Motor Activity>, 2021

능한 행동 동기를 만들어 낸다. 결국 기록은 탐험가를 완성하는 힘이다.

생각을 머무르게 하지 않고, 그 여정을 현실 위에 한 줄 한 줄 남기도록 이끌어준다. 그리고 그 기록이 쌓일수록, 당신의 보물섬 탐험은 점점 더 재미있어지고, 동기 또한 오래 유지된다.

기록이 성공을 이끄는 세 가지 법칙

기록을 습관화한 사람들은 목표를 이루는 데 더 효과적이며, 지속적인 성장과 동기부여에도 긍정적인 영향을 받는다. 기록이 만들어 내는 중요한 변화는 세 가지로 나눌 수 있다. 작은 노력이 모여 큰 성과를 만드는 '눈덩이 효과', '피드백'을 통해 실력을 다듬는 과정, 그리고 '전시효과'로 성과를 공유함으로써 동기부여를 강화한다.

첫 번째, 작은 기록이 쌓이면 큰 변화를 만든다. 하버드 대학교 행동과학 연구팀[86]의 연구에 따르면, 하루 1%씩 개선하려는 노력을 기울인 사람들은 1년 후 약 37배 더 나은 결과를 얻었다. 연구진은 작은 변화라도 기록하고 점검하는 과정이 누적되면 더 큰 발

86 하버드 대학교 행동과학 연구팀, <The Power of Small Improvements>, Harvard Business Review, 2021

전을 이룬다는 점을 확인했다. 이는 꾸준한 기록이 장기적인 성장으로 이어질 수 있음을 보여준다.

두 번째, 기록된 피드백은 성장의 발판이 된다. 미국 심리학회[87]의 연구에 따르면, 피드백을 기록하고 분석하는 습관을 가진 사람들은 그렇지 않은 사람들보다 업무 성과가 20% 더 높았다. 특히 정기적으로 자기 피드백을 남긴 사람들은 문제 해결 능력이 향상되었고, 목표를 더 효과적으로 달성할 수 있었다.

세 번째, 성과를 공유하면 '전시효과'로 동기부여를 강화한다. 구글은 목표 및 핵심 결과OKR, Objectives and Key Results 시스템을 통해 직원들이 자신의 목표를 설정하고 진행 상황을 공유하도록 한다.[88] 이를 활용한 직원들은 그렇지 않은 직원들보다 목표 달성률이 76% 더 높은 것으로 나타났다. 기록된 성과는 개인의 발전을 넘어서 조직 전체의 성장으로 이어진다.

이처럼 기록은 자신의 선택을 돌아보고 성장을 지속하는 데 핵심적인 역할을 한다.

---

87 미국 심리학회, <Effect of Self-Feedback on Performance>, Journal of Applied Psychology, 2020

88 구글, <OKR: Driving Performance Through Transparency>, Google Research, 2019

탐험일지 작성법

탐험일지는 파일철 하나면 충분하다. 파일철을 준비한 뒤, 앞표지는 보물지도에서 만들었던 수식어와 사진으로 꾸민다. 자신의 취향에 따라 자유롭게 장식해도 좋다. 중요한 것은 꾸밈이 아니라 기록의 힘이다.

탐험일지는 일기장이 아니다. 탐험일지는 보물을 향해 나아가는 여정에서 생겨나는 실물 기록들을 시간순으로 정리하는 도구다. 사진, 편지, 메모, 인증서, 챌린지북, 수료증 등 어떤 형태든 괜찮다. 의미 있는 순간을 기록물로 남기고, 그것들을 차곡차곡 쌓아가는 것 자체가 탐험의 증거가 된다.

예를 들어, 보물지도에는 '나는 1년 후 책을 출간한 강연가가 될 것이다.'라는 비전을 시각화한다. 그리고 탐험일지에는 '2025년 5월 1일, 초고 완성본을 출력해 첫 장을 파일에 꽂았다'는 식으로, 보물을 향해 나아가는 과정에서 생긴 구체적이고 실질적인 흔적들을 시간순으로 보관한다. 탐험일지가 두꺼워질수록, 당신은 목표에 가까워지고 있다는 사실을 눈으로 확인할 수 있다.

예기치 못한 시련이 찾아올 때도 마찬가지다. 우리는 인생이라는 여정에서 다양한 변수와 장애물을 마주하게 되지만 탐험일지가 두꺼워질수록 '이 또한 하나의 기록이겠지.'라는 긍정적 시선을 갖게 된다.

또한 중간 점검과 피드백을 통해 위험을 예방할 수 있다. 많은 사람들은 '결승점까지 얼마나 남았는가.'를 기준으로 여정을 판단하지만, 사실 중요한 것은 '출발점에서부터 얼마나 왔는가'이다. 보물을 얻는 결과만큼이나 그 이전의 탐험 과정도 중요하다. 중간 점검 없이 결과만을 향해 달리는 여정은 쉽게 균형을 잃는다.

빠르게 가는 것보다 끝까지 가는 것이 중요하다. 탐험일지를 통해 보물을 향해 가는 과정을 꾸준히 기록하는 습관은 우리를 조급함이 아닌 균형과 성장의 길로 이끌어 준다. 탐험일지 한 장 한 장에 담긴 기록은 당신이 포기하지 않았다는 증거이며, 그 자체로 이미 보물의 일부다.

나를 증명하는 기록

실제 탐험 현장에서 쓰이는 탐험일지는 단순한 기록 그 이상이다. 위치, 환경 변화, 이동 경로와 속도 같은 정보는 생존과 안전을 확보하는 데 필수적이며, 책임을 명확히 하고 타인과의 신뢰를 구축하는 중요한 근거가 된다. 동료들과의 소통은 물론 낯선 땅에서 새로운 이들과 교류할 때도 이 탐험일지는 가장 믿을 수 있는 커뮤니케이션 도구로 작동한다. 때로는 탐험 과정에서 관찰된 자연의 변화가 과학적 연구 자료로 활용되기도 한다.

실전에서의 탐험일지가 다양한 역할을 하듯, 삶에서의 탐험일

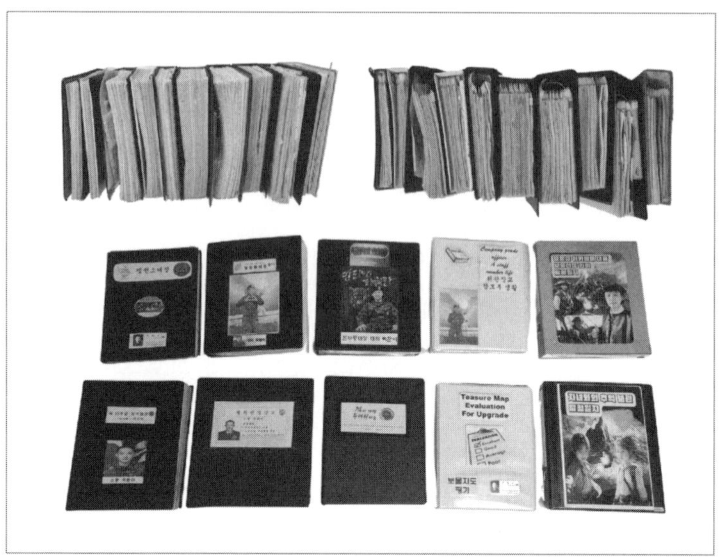

지도 우리에게 똑같이 중요한 기능을 한다. 탐험일지에 쌓인 기록은 지금 내가 어떤 방향으로 나아가고 있는지를 점검하게 해주며, 다음 선택을 위한 근거이자 나만의 나침반이 되어준다. 동시에 이 기록은 나를 설명하고 입증하는 포트폴리오이자 다른 이와 연결되는 소통의 창이 되고, 장기적으로는 내가 살아온 여정을 가장 정직하게 증명하는 구체적인 데이터가 된다.

탐험가는 늘 두 가지 도구를 지닌다. 보물지도는 방향을 보여주고, 탐험일지는 그 길을 걸어간 증거를 남긴다. 이 두 가지를 함께 갖춘 이만이 탐험을 지속하고 끝까지 나아갈 수 있다.

지금 당신 책상 위에 놓인 파일 한 권, 그 안에 채워질 단 하나뿐인 기록이 당신의 인생을 증명하는 탐험일지가 된다. 지도는 목적지를 알려주지만, 기록만이 당신이 그 길을 걸어왔음을 증명해 준다. 이제 그 첫 장을 채워보자. 아무도 대신 써줄 수 없는 당신만의 탐험 이야기를.

보물섬
프로젝트

동료와 함께 바람을 길들인 소년

밤이 되면 전기도 물도 없는 아프리카 말라위의 작은 마을, 마시탈라. 별빛 아래 어둠에 잠긴 집들은 깊은 숨을 삼키듯 조용했고, 마른 바람만이 지붕 위를 스쳐 지나갔다. 열네 살 소년 윌리엄의 하루는 그 어둠 속에서 시작되었다. 소년은 매일 쓰레기장이 있는 골목을 향해 걸어갔다. 마을은 가뭄과 기근에 시달렸고, 가족은 하루 한 끼조차 힘겨웠다. 결국 그는 학비를 낼 수 없어 학교를 그만두었다.

도서관이 소년의 피난처가 되었다. 수업은 들을 수 없었지만 입장료는 필요 없었다. 누구의 관심도 받지 못하던 먼지 쌓인 과학서적 한 권이 소년의 인생을 바꾸었다. 『Using Energy』라는 제목의 낡은 책에는 바람의 에너지를 전기로 바꾸는 풍차의 원리, 날

개의 회전이 코일을 움직여 전류를 생성하는 구조, 그리고 그 전기를 이용해 지하수를 끌어올리는 펌프 시스템이 그림과 함께 실려 있었다. 영어를 완벽히 읽지는 못했지만, 그림과 도식 속에서 소년은 논리를 읽어냈다.

소년의 마을엔 전기도, 물도 없었지만 바람은 있었다. 소년은 생각했다. 바람을 붙잡을 수 있다면 전기를 만들 수 있고, 그 전기로 펌프를 돌려 물을 끌어올릴 수 있다면 마을을 살릴 수 있지 않을까. 그것은 생존을 위한 상상이었고, 인생을 건 결심이었다. 소년은 그림을 따라 수없이 그려보며 구조를 익혔다. 모르는 단어는 사전을 찾아 메모했고, 도식 하나하나가 소년의 머릿속에서 하나의 지도로 이어졌다.

하지만 혼자서는 해낼 수 없었다. 마을 촌장의 아들이자 가장 친한 친구였던 길버트가 소년 곁에 있었다. 길버트는 말없이 손수레를 끌었고, 두 사람은 고장 난 자전거와 부러진 안테나, 깨진 라디오에서 부품을 수집했다. 쓰레기장은 그들에게 보물창고였다. 사촌 제프리와 형 차리티도 함께했고, 누군가는 돌을 옮기고, 누군가는 나무를 다듬으며, 또 누군가는 진흙과 벽돌로 기초를 쌓았다. 날개는 플라스틱 물통을 잘라 만들었고, 발전기는 라디오의 코일과 자전거 다이너모에서 아이디어를 얻어 구성했다.

설계는 점점 구체화되었지만 구조물은 생각처럼 쉽게 세워지지 않았다. 첫 번째 풍차는 바람을 견디지 못했고 날개는 부러졌으며 기둥은 쓰러졌다. 전기는커녕 회전조차 되지 않았다. 마을 사람들은 비웃었다. "저건 과학이 아니라 장난이야." 그러나 소년은 포기하지 않았다. 다시 펜을 들었고, 각도와 길이, 날개 간격과 회전 속도를 꼼꼼히 메모했다. 그 노트는 단순한 실험 기록이 아니었다. 실패 속에서도 방향을 수정할 수 있게 해주는 나침반이었다.

기록은 반복을 낳았고 반복은 개선을 낳았다. 무너진 탑은 다시 세워졌고, 부러진 날개는 보완되었으며 기초는 더 단단해졌다. 그리고 마침내 바람이 불던 어느 날 풍차는 휘잉 소리를 내며 돌아가기 시작했다. 날개는 회전했고 자석은 전류를 만들어냈고 작은 전구 하나에 불이 들어왔다. 그날 밤, 마을에서 유일하게 불이 켜진 집이 있었다.

이후 소년의 이야기는 마치 풍차의 날개에서 퍼져나간 바람처럼, 말라위의 작은 마을을 넘어 전 세계로 퍼져나갔다. 지역 언론에 소개되고 국제 언론의 주목을 받았으며 마침내 소년은 TED 무대에까지 올랐다. 풍차 하나가 돌아간 것이 아니었다. 그것은 희망이 회전하는 소리였고, 그 바람은 도전과 용기의 메시지를 실어 나르기 시작했다.

소년은 매사추세츠 공과대학교MIT, Massachusetts Institute of Technology에서 전기공학을 공부하게 되었고, 지금은 말라위 전역을 돌며 지속 가능한 에너지를 가르치는 선생님이 되었다.[89] 소년의 이름은 윌리엄 캄크왐바. 그의 이야기는 넷플릭스 오리지널 영화 『바람을 길들인 풍차소년The Boy Who Harnessed the Wind, 2019』을 통해 전 세계에 감동을 전했다.[90]

그가 손으로 그린 풍차의 설계도는, 현재를 충실하게 살아가고 미래의 힌트를 얻는 보물지도와 같았다. 그리고 실패의 조각을 한 줄 한 줄 옮겨 적으며 방향을 찾아간 그의 기록은, 단순한 실험노트를 넘어선 탐험일지였다. 풍차를 세우기 위한 과정은 원하는 보물을 찾기 위한 여정이었다.

그의 감동적인 이야기는 우리 모두의 이야기로 확장된다. 보물지도를 만들고 탐험일지에 그 과정을 기록하라. 그리고 혼자가 아닌 동료들과 함께 협력하라. 한 사람이 꾸는 꿈은 꿈일 뿐이지만, 함께 그리는 미래는 현실이 된다. 협력은 불가능을 가능으로 바꾸는 진짜 힘이며, 함께 탐험할 때 우리는 가장 멀리까지 나아갈 수 있다. 당신이 혼자가 아니라면 반드시 보물을 찾을 수 있다.

---

89 윌리엄 캄크왐바, <How I Harnessed the Wind>, TED Talk, 2009

90 치웨텔 에지오포 감독, <바람을 길들인 풍차소년>, 넷플릭스, 2019

에필로그

빛과 어둠을 지나, 길 위에 선 당신에게

나는 이 책을 통해 당신이 내면에 숨겨진 보물을 발견하고 그것을 현실로 이끌어내는 여정을 함께 걸어왔다. 위로나 영감이 아닌 실천의 방식을 전하고자 했다. 이 책이《더 로드》라는 제목처럼 당신만의 길을 찾고 마침내 원하는 보물을 만나게 해주기를 바란다.

나는 지금 이 길을 다양한 사람들과 함께 걷고 있다. 초등학생부터 성인, 영 시니어에 이르기까지 각자의 출발점에 선 사람들이다.

학생들은 반복되는 일상에서 '나는 무엇을 좋아하지?'라는 질문을 처음으로 스스로에게 던지며 살고 싶은 인생을 시선으로 그리고, 글로 남기며 자기 삶을 주체적으로 바라보는 감각을 갖게 되었다. 그 시선과 기록은 자연스럽게 진로라는 주제와 연결되었다.

성인들은 분주한 일상과 타인의 기대에서 잠시 멈춰, 자신의 삶을 다시 들여다보는 시간을 가졌다. 그 과정에서 잊고 있던 자신을 만나고, 비워진 부분을 채워가야 할 이유를 발견했다.

부모는 자녀와 함께 시선과 기록을 나누며, 서로의 삶을 이해하고 존중하는 관계로 성장해갔다. 아이의 마음을 시각적으로 보고, 기록을 통해 그 속의 이야기를 읽으며 가족이라는 섬 안에서 서로의 보물을 응원하며 함께 길을 찾는 동반자로 거듭났다.

영 시니어는 남은 인생을 시선으로 그리고 기록하기 시작했다. 그러자 "이 나이에 뭘 더 하겠어"라던 이들도 오래된 꿈과 바람, 다시 이어가고 싶은 관계를 하나둘 꺼내들었다. 결국 누구나 각자의 시기와 환경에서, 시선으로 삶을 바라보고 기록으로 길을 만들 수 있다. 길은 정해진 것이 아니라, 나만의 질문과 나만의 방식으로 천천히 드러나는 것이다. 그리고 진짜 원하는 보물은, 언제나 그 길 위에 있다.

이제 마지막으로 당신에게 묻고 싶다.

"지금 손에 쥐고 있는 보물은 무엇이며, 앞으로 찾고 싶은 보물은 무엇인가?"

보물지도에 담긴 상상과 탐험일지에 남긴 기록이 바로 그 실마리가 되어줄 것이다.

이제 당신 차례다.

빛과 어둠을 지나, 당신만의 보물이 숨겨진 그 길 위로, 지금 당장 떠나라.

마지막으로 이 길을 걷게 해준 모든 분들께 감사의 마음을 전하고 싶다.

진정한 내 길을 허락해 준 아내 지은이와 함께 있는 것만으로도 힘이 되어주는 두 딸, 이 책의 가능성을 알아보고 작가라는 새로운 길을 용기 내어 걸을 수 있도록 손내밀어준 이정훈, 김태한 대표님, 퇴고의 길을 함께 걸으며 독자와의 만남이 부끄럽지 않도록 이끌어 준 신선숙 편집장님, 그리고 이 여정을 함께 나누며 아낌없는 피드백을 건네준 보물섬 프로젝트 선원님들과 도서 서포터즈 분들께 고개 숙여 감사드린다.